UM OLHAR SOBRE A POBREZA INFANTIL

Análise das condições de vida das crianças

AMÉLIA BASTOS
GRAÇA LEÃO FERNANDES
JOSÉ PASSOS
MARIA JOÃO MALHO

UM OLHAR SOBRE
A POBREZA INFANTIL

Análise das condições de vida das crianças

UM OLHAR SOBRE A POBREZA INFANTIL:
Análise das Condições de Vida das Crianças

AUTORES
AMÉLIA BASTOS
GRAÇA LEÃO FERNANDES
JOSÉ PASSOS
MARIA JOÃO MALHO

EDITOR
EDIÇÕES ALMEDINA. SA
Av. Fernão Magalhães, n.º 584, 5.º Andar
3000-174 Coimbra
Tel.: 239 851 904
Fax: 239 851 901
www.almedina.net
editora@almedina.net

PRÉ-IMPRESSÃO | IMPRESSÃO | ACABAMENTO
G.C. – GRÁFICA DE COIMBRA, LDA.
Palheira – Assafarge
3001-453 Coimbra
producao@graficadecoimbra.pt

Maio, 2008

DEPÓSITO LEGAL
273834/08

Os dados e as opiniões inseridos na presente publicação
são da exclusiva responsabilidade do(s) seu(s) autor(es).

Toda a reprodução desta obra, por fotocópia ou outro qualquer
processo, sem prévia autorização escrita do Editor, é ilícita
e passível de procedimento judicial contra o infractor.

Biblioteca Nacional de Portugal – Catalogação na Publicação

Um olhar sobre a pobreza infantil : análise das condições de
vida das crianças / Amélia Bastos... [et al.]. - (Económicas.
2ª série)
ISBN 978-972-40-3377-8

I – BASTOS, Amélia

CDU   308
      316
      364

Índice

Apresentação e agradecimentos	vii
1. Definição dos principais objectivos do projecto	1
2. Enquadramento do problema em análise – elementos para a compreensão da pobreza infantil	5
3. Caracterização económico-social da zona em estudo	17
4. Metodologia	23
4.1 Apresentação e análise do inquérito	23
4.2 População objectivo e população inquirida	31
4.3 Desenho da amostra	32
4.4 Elementos metodológicos de aferição do bem-estar	33
5. Análise económico-social dos resultados do inquérito	43
5.1 Análise descritiva dos resultados globais	43
5.1.1 Caracterização dos agregados familiares	43
5.1.2 Caracterização das crianças	47
5.2 Modelação dos resultados	53
5.3 Avaliação do nível de privação	56
5.4 Resultados por concelho	59
5.4.1 Amadora	63
5.4.2 Cascais	71
5.4.3 Lisboa	77
5.4.4 Loures	83
5.4.5 Odivelas	93
5.4.6 Oeiras	97
5.4.7 Sintra	104
5.5 Síntese dos resultados	109
6 Discussão das linhas orientadoras de projectos de desenvolvimento do bem-estar das crianças	113

vi | Análise das condições de vida das crianças

Referências Bibliográficas 117

Anexos

Anexo I: Inquérito 121

Anexo II: Lista de escolas aderentes 131

Apresentação e agradecimentos

O trabalho que aqui apresentamos resulta da análise de uma base de dados obtida através de um inquérito por amostragem aplicado a um conjunto de cerca de 5000 crianças dos concelhos de: Amadora, Cascais, Lisboa, Loures, Odivelas, Oeiras e Sintra, nos anos lectivos de 2004/2005 e 2005/2006.

A análise elaborada caracteriza as condições de vida das crianças observadas, no sentido de realizar uma primeira avaliação do seu bem-estar e, implicitamente, das suas carências ou pobreza, enquanto fenómeno multidimensional. Esta análise identifica as principais variáveis que condicionam o bem-estar das crianças, considerando que estas são a unidade privilegiada de observação.

Assim, no primeiro capítulo desta publicação são apresentados os principais objectivos desta pesquisa. Seguidamente, é feito o enquadramento da problemática de aferição do bem-estar da criança. No capítulo três realiza-se uma caracterização económico-social da zona em estudo que contextualiza os resultados obtidos. O capítulo quatro sintetiza os elementos metodológicos que estiveram na base da concepção do estudo por amostragem realizado e reune os principais elementos metodológicos de medição do bem-estar utilizados. No capítulo cinco é feita uma apresentação e análise dos resultados do inquérito, identificando os principais elementos caracterizadores das condições de vida destas crianças e, consequentemente, as suas privações. Finalmente, o capítulo seis apresenta uma reflexão sobre algumas linhas orientadoras de projectos de intervenção na área da pobreza infantil.

O trabalho aqui apresentado beneficiou do contributo de várias instituições para as quais vai o nosso agradecimento. Assim e sem querer estabelecer qualquer ordenação, agradecemos o contributo do Instituto de Apoio à Criança pelo desenvolvimento do trabalho de campo e implícitos contactos estabelecidos com os diferentes intervenientes. Ao Instituto Superior de Economia e Gestão cabe um forte agradecimento pelo suporte logístico na leitura óptica dos questionários e construção da base de dados. Às diversas Câmaras Municipais envolvidas na pesquisa deixamos também o nosso agradecimento pela sua colaboração na aplicação dos questionários. Agradecemos também às escolas que aderiram ao nosso projecto todo o apoio e disponibilidade prestados. Finalmente às crianças que responderam ao questionário também o nosso obrigada uma vez que sem elas este trabalho não poderia ter existido.

Os autores

Lisboa, 30 de Agosto de 2007

1.
Definição dos principais objectivos do projecto

Esta publicação, "Um olhar sobre a pobreza infantil: Análise do bem-estar das crianças", divulga o estudo económico-social da base de dados criada a partir de um projecto realizado em parceria entre o Instituto de Apoio à Criança (IAC), o Instituto Superior de Economia e Gestão (ISEG), a Faculdade de Motricidade Humana (FMH), escolas da Universidade Técnica de Lisboa, a Direcção Regional de Educação de Lisboa (DREL) e as Câmaras Municipais de Amadora, Cascais, Lisboa, Loures, Oeiras, Odivelas e Sintra.

Esta pesquisa vem na sequência de trabalho já realizado no ano lectivo de 2001/02, em escolas do 1º ciclo do ensino básico, da rede pública, da cidade de Lisboa. Este estudo realizou uma primeira análise das condições de vida das crianças na zona referida e resultou da colaboração entre o Instituto de Apoio à Criança e o Instituto Superior de Economia e Gestão. O conhecimento das condições de vida das crianças constitui um pressuposto indispensável à definição de políticas de carácter económico-social, que atingem e/ou condicionam o desenvolvimento e inserção futura na vida activa de uma comunidade. Daí a importância deste tipo de pesquisas.

2 | Análise das condições de vida das crianças

A equipa que realizou essa primeira pesquisa decidiu alargar o campo de estudo e, por isso, sentiu necessidade de convidar outras estruturas / serviços com responsabilidades na escolarização das crianças, surgindo assim a participação de algumas câmaras da área da grande Lisboa e da DREL.

Porquê estudar as condições de vida das crianças? Porquê sair da cidade de Lisboa e alargar, neste momento, a área geográfica da pesquisa? Muito sucintamente, porque só conhecendo efectivamente os contextos de vida das crianças é possível propor, defender e colaborar na implementação de políticas consentâneas com a realidade das suas vidas. Defendemos que o desenvolvimento global da criança precisa da implementação de políticas públicas, para isso é imperioso ouvir, estudar e analisar o que pensam as crianças, respeitando o que vem contemplado, na Convenção sobre os Direitos da Criança.

Em Portugal continuam a não existir bases de dados organizadas, actualizadas e em rede, sobre a situação social das nossas crianças. Julgamos que este projecto poderá contribuir positivamente com informação relevante sobre as condições de vida das crianças, quer em termos das metodologias utilizadas, quer sobre a identificação de indicadores do seu bem-estar.

O alargamento da pesquisa, um maior número de crianças estudadas, uma maior diversidade geográfica, (foram abrangidos sete concelhos) e um aumento do conteúdo informativo permite-nos pensar melhor sobre a temática do bem-estar das crianças, segundo elas próprias.

Assim, a análise aqui realizada permitiu:

– Realizar um estudo comparativo das condições de vida das crianças que vivem em áreas geográficas diferenciadas, permitindo analisar contextos distintos em termos: da etnia / raça, do contexto geográfico dominante (urbano / rural), do tipo de habitação (bairro de lata ou habitação social / habitação não degradada), das actividades económicas desenvolvidas, do nível de educação ou qualificação da população residente, entre outros.

– Prosseguir e desenvolver a identificação de indicadores de bem-estar; uma vez que o bem-estar é uma variável que resulta da interacção de um conjunto de elementos de carácter objectivo e subjectivo que tornam complexa a sua avaliação.

– Aprofundar a aferição do nível de pobreza / privação infantil das crianças portuguesas, a partir do conhecimento detalhado das suas condições de vida e da satisfação / insatisfação de um conjunto de necessidades consideradas importantes na prossecução do seu bem-estar e desenvolvimento.

A partir da análise da base de dados sobre as condições de vida das crianças aqui realizada, é possível identificar importantes elementos que contribuem para a definição de políticas sócio-educativas de apoio ao desenvolvimento mais harmonioso das crianças.

2.

Enquadramento do problema em análise
– elementos para a compreensão da pobreza infantil

O conceito de criança tem variado ao longo do tempo. A infância enquanto fase precedente da idade adulta, o seu entendimento e as suas representações no mundo dos adultos tem uma trajectória histórica. A infância constitui-se histórica e socialmente. Tal como o trabalho Colectivo IOE (1989) citado em Silva (1991; p.7)) refere; "A infância, tal como a conhecemos actualmente, é o resultado de um longo processo de institucionalização que foi cristalizando sucessivos conjuntos de normas e significações sobre o que é ou deve ser a criança". Philippe Ariès no seu livro *Centuries of Childhood* (1962) realiza um retrato prospectivo sobre a evolução histórica da infância. De acordo com este autor foram as mutações ocorridas na estrutura familiar e o processo de industrialização que promoveram as principais alterações no entendimento, conceptualização e representação da infância.

Na Idade Média a criança não tinha direitos próprios sendo encarada como um pequeno adulto. Dado que durante a infância a criança não participava activamente na actividade económica, a extensão deste período era encurtada o máximo possível. Por isso, às crianças das famílias menos abastadas, desde os 6, 7 anos de idade era ensinado um ofício. Nesta época o processo de integração social da criança e a transmissão de

6 | Análise das condições de vida das crianças

valores não era necessariamente feito pela família cuja composição era relativamente alargada.

Com a Revolução Industrial a família aproximou-se do seu núcleo em termos de dimensão e a mulher reforçou o seu papel de mãe e a sua função de gestora do lar. A escolaridade só era permitida aos filhos dos burgueses e dos nobres. Os filhos dos operários trabalhavam desde cedo, impedidos de estudar e até mesmo de brincar[1].

Recentemente a crescente participação das mulheres no mercado de trabalho, o decréscimo na natalidade e a monoparentalidade têm vindo a promover mutações no conceito de infância e na forma de encarar e vivenciar o desenvolvimento das crianças.

Nos dias de hoje a infância continua a ser vivida de forma heterogénea. Para um número significativo de crianças não são observados os seus direitos fundamentais e necessidades básicas, promovendo e estimulando os processos de empobrecimento e exclusão social. As privações a que muitas crianças estão sujeitas concentram-se fundamentalmente em áreas tais como: escola, saúde, habitação, participação e integração social, podendo manifestar-se de forma diferenciada e em vários graus consoante o contexto económico-social.

É relativamente recente o surgimento da infância enquanto objecto de estudo. Na segunda metade do sec. XIX a infância passou a integrar os objectos de investigação científica da psicologia. Foi em 1973 que Charlotte Hardman escreveu o artigo "Será possível uma Antropologia da criança?" e em 1990 que Sarah James levantou a questão "Haverá 'lugar' na Geografia

---

[1] O Colectivo IOE (1989) citado em Silva (1989; 8) refere a este propósito: "O reconhecimento da especificidade da infância só foi possível quando a vida familiar se circunscreveu ao âmbito do privado, quando a casa deixou de ser um lugar aberto, um prolongamento da vida social da rua, permitindo o surgimento de um sentimento de família com um valor específico".

para as crianças?" e é também no Congresso Mundial de Sociologia de 1990, que os sociólogos da infância se reúnem pela primeira vez. Isto não significa que a criança e a infância não tivessem antes interesse para a ciência; o que acontecia é que o(s) ponto(s) de interesse residiam nas questões relacionadas com política social e não com a "busca do conhecimento" sobre a criança em si, como actor social, como sujeito de direitos. Este interesse surge particularmente nos países industrializados.

O objecto do estudo que estamos a divulgar não é a infância de uma forma geral, enquanto processo de desenvolvimento biológico e social mas sim a identificação, por um lado, de um conjunto de elementos que condicionam o bem-estar da criança e, por outro lado a aferição desse bem-estar a partir de indicadores específicos da criança e construídos a partir da grelha de análise conceptual estabelecida. A perspectiva de investigação adoptada tem um carácter económico-social e, por isso, o estudo do bem-estar da criança insere-se no âmbito da pobreza infantil.

A pobreza infantil constitui um problema marcante da sociedade actual, contrariando a pretensa igualdade de oportunidades estabelecida na Convenção sobre os Direitos da Criança, internacionalmente aceites e a vigorar desde 2 de Setembro de 1990. As estatísticas do EUROSTAT mostram que o problema está bem presente a nível europeu, estimando que cerca de 20% das crianças da EU(25) se encontrava em risco de pobreza no ano de 2004 ou seja cujo rendimento por adulto equivalente se situava abaixo do limiar de pobreza, definido como 60% do rendimento mediano[2]. Em Portugal o risco de pobreza infantil era nesse ano de 23% e um dos mais elevados da EU. Note-se

---

[2] O conceito de risco de pobreza tem um carácter exclusivamente monetário uma vez que apenas considera a observação do rendimento do agregado.

adicionalmente que a incidência da pobreza na população total era cerca de 21%. Numa análise longitudinal também se verifica que o tempo de permanência na pobreza das crianças é superior ao da população em geral.

As estatísticas apresentadas permitem-nos duas conclusões no imediato: por um lado as crianças são mais vulneráveis à pobreza do que a população em geral e, por outro lado, em Portugal o fenómeno da pobreza infantil faz-se sentir com particular acuidade.

A vivência da pobreza por uma criança reveste-se de uma gravidade acrescida relativamente aos restantes grupos populacionais. Tal resulta do facto desta vivência potenciar efeitos a médio prazo que condicionam o seu bem-estar, estimulando a prossecução de trajectórias de pobreza e a perpetuação do ciclo familiar da pobreza. Bastos *et al.* (2007; p.5) refere a propósito: *"The concern is not only about the number of poor children but also about the consequences of living in poverty. In fact, parent's low earnings have a negative impact on the short run – trough the living conditions – as well as in the long run – by the consequences on the cognitive development of the child."*

A pobreza infantil para além dos aspectos causais referenciados, contraria a ideia de justiça e coesão social, tal como o relatório elaborado pelo Conseil de l'Emploi des Revenues et de la Cohesion Sociale (2004; p.5) claramente expõe na passagem que a seguir se transcreve: "(…) child poverty was vital for two sets of reasons. Most theories of social justice agree upon the duty for a society to compensate for the inequalities suffered by people who are in no way responsible for the sitaution they are in. This applies to children more than for any other persons. The second reason is that poverty suffered in one's childhood increases the risk of being poor as an adult."

Os trabalhos sobre a pobreza infantil em Portugal são escassos e utilizam, na sua maioria, uma abordagem que considera a família como a unidade de observação. A pobreza infantil é, nestas condições, considerada como um subproduto do problema mais geral da pobreza e o seu estudo circunscreve-se à análise das condições de vida das famílias pobres com crianças a cargo. Trata-se de uma abordagem de alguma forma limitada uma vez que: não explora a noção de bem-estar da criança e, consequentemente, não considera um conceito de pobreza infantil de per-si, identifica a pobreza da família com a pobreza da criança reduzindo o potencial analítico de investigação das especificidades da pobreza infantil e, por último, cinge-se à utilização de um conceito de pobreza estritamente monetário que não inclui aspectos relacionados com a observação das condições de vida que traduzem todo um conjunto de informação complementar ao rendimento.

Note-se que a pobreza infantil não coincide necessariamente com a pobreza da família. De facto podem encontrar-se agregados cujo rendimento está abaixo do limiar de pobreza mas cujas crianças a cargo não são necessariamente pobres. Middleton *et al.* (1997; p.5) refere a este propósito: *"(...) parents are more likely to go without than children, one half of parents defined as 'poor' themselves have children who are found to be 'not poor'."*

A análise tradicional da pobreza infantil parte da hipótese que os recursos económicos do agregado são distribuídos de igual forma por todos os membros da família, escamoteando e ocultando diferenciações em termos de género e idade. Adicionalmente, refira-se que uma vez que as crianças não têm acesso ao controlo de recursos da família, o aumento ou diminuição do rendimento do agregado não se repercute necessariamente no bem-estar da criança. Estas têm necessidades diferentes dos adultos e o seu bem-estar passa pela interacção de um conjunto de elementos dentro dos quais se inclui o rendimento mas que não se esgota nele.

A pobreza infantil é um fenómeno pluridimensional e complexo que envolve, por um lado, elementos relacionados com a família e, por outro lado, elementos específicos da criança. Por isso, diversos autores apontam para a necessidade de observação directa da criança (Qvortrup, 1995) através de indicadores direccionados para a avaliação do seu bem-estar (Nolan *et al.*, 2000). Esta abordagem implica a necessidade de uma metodologia alternativa de análise do fenómeno da pobreza infantil, que necessariamente inclui uma conceptualização e mensuração diferenciadas da abordagem clássica.

Numa perspectiva mais ampla a pobreza infantil pode ser encarada como um estado de privação em domínios ou áreas essenciais ao bem-estar da criança. Esta é aliás a concepção de pobreza infantil subjacente à análise elaborada neste trabalho. Esta conceptualização tem necessariamente implícitas consequências ao nível da política social direccionada às crianças e suas famílias, quer no contexto da definição de medidas específicas quer no âmbito da implementação dessas mesmas medidas.

A abordagem da pobreza infantil enquanto estado de privação está na linha do trabalho pioneiro de Peter Townsend (1979) que refere, a propósito do conceito de pobreza: *"Os indivíduos, famílias e grupos de população estão em situação de pobreza quando não têm recursos que lhes permitam obter o tipo de alimentação, participar nas actividades e ter as condições de vida e conforto que são comuns, ou pelo menos encorajados e aprovados nas sociedades a que pertencem." (Ibid., 1979; p.31). Amartya Sen (1999) corrobora a concepção de Townsend quando escreve: "(...) o caminho mais vulgar para a identificação dos pobres passa pela especificação de um conjunto de necessidades básicas ou mínimas e pela observação da capacidade de satisfazer essas necessidades como verificação da pobreza"* (Ibid., Sen; p.42-43).

A hipótese de que a pobreza infantil é um estado de privação e por isso de insatisfação a vários níveis tem de imediato duas implicações: em primeiro lugar na seriação das dimensões / áreas e respectivos indicadores de privação e, em segundo lugar, na definição dos limiares de privação. Importa por isso debruçarmo-nos um pouco mais sobre cada uma destas implicações.

A seriação das dimensões de bem-estar e, posteriormente, dos indicadores incluídos em cada uma dessas dimensões parte de um conjunto de premissas relativas ao bem-estar. Esta seriação tem subjacente a seguinte questão: quais os elementos considerados como essenciais ao bem-estar da criança?

A convenção dos Direitos da Criança reúne um conjunto de direitos incluídos em áreas diversificadas tais como a saúde, a escolaridade, a participação cívica, a habitação, a protecção à identidade e relações familiares, os tempos livres e descanso, entre outras.[3]

A partir destes direitos e com base em estudos empíricos anteriores sobre a realidade portuguesa, as dimensões de bem-estar consideradas neste trabalho são: agregado familiar, educação, saúde, habitação e inserção social.[4] Estas dimensões não são independentes e a sua interacção pode atenuar ou acentuar o nível de bem-estar da criança. Explicite-se de seguida o conteúdo de cada uma das dimensões consideradas.

(i) Agregado familiar

As condições de vida da criança são directamente influenciadas pelo contexto familiar. O nível de rendimento do agregado é talvez um dos elementos mais determinantes desse bem-estar, uma vez que os recursos económicos do agregado se reflectem directamente nas condições materiais de vida da criança no curto prazo, e condicionam as suas perspectivas de vida no médio prazo. A dimensão e composição da família são também factores determinantes do bem-estar quer pelas questões associadas à disponibilidade

---

[3] Uma análise exaustiva destes direitos pode ser vista em Fernandes, R. (2006); A pobreza infantil e os direitos humanos; ISEG; Dissertação de Mestrado.

[4] A definição e seriação destas dimensões segue de perto o trabalho de Bastos, A. (1999) e Bastos, A. *et al.* (2004) onde se encontra uma explicação detalhada dos procedimentos de selecção adoptados.

de recursos económicos e sua repartição como pelos aspectos relacionais que lhes estão subjacentes. Por último inserem-se também neste domínio as características sócio-económicas dos progenitores/responsáveis, elementos determinantes quer dos recursos económicos do agregado quer da sua inserção social e de suporte à criança, nomeadamente no que diz respeito à escolaridade. As experiências de vida da criança centram-se no triângulo família / escola / casa uma vez que a sua autonomia é limitada, daí que esta dimensão assuma uma função assaz essencial enquanto fonte de estímulo e de bem-estar da criança.

(ii) Escolaridade

A escola preenche uma parcela significativa da vida e do dia-a-dia das crianças, quer pelas actividades desenvolvidas de per si, quer pelas representações sociais que lhe estão associadas. Trata-se por isso de um factor determinante do bem-estar das crianças. Adicionalmente, refira-se que existe uma forte relação entre a pobreza e a educação. Esta relação não linear e de alguma forma dual, é consequência tanto do efeito catalizador da pobreza na educação, devido às dificuldades escolares que as crianças dos meios mais desfavorecidos geralmente apresentam, como dos efeitos, no médio prazo, ao nível da inserção no mercado de trabalho, quando adultos, efeitos esses resultantes fundamentalmente das baixas qualificações. A envolvente familiar, as condições de habitação e os problemas de desenvolvimento cognitivo das crianças de meios mais desfavorecidos são factores que condicionam e limitam o seu sucesso escolar e a sua auto-estima logo, o seu bem-estar.

(iii) Saúde

Trata-se de uma área directamente relacionada com o bem-estar da criança ao nível físico e psicológico e por isso indispensável enquanto elemento de aferição das suas condições de vida. A saúde das crianças de meios mais desfavorecidos apresenta geralmente debilidades, resultantes das condições de gestação, da alimentação, do desenvolvimento cognitivo e do acompanhamento médico. As interacções estabelecidas com as restantes dimensões não são lineares e podem atenuar ou acentuar as carências nesta área.

(iii) Habitação

As condições de habitação estão intrinsecamente associadas ao nível de bem-estar e estreitamente relacionadas com as restantes dimensões definidas pelas múltiplas interacções estabelecidas. Mais uma vez a pobreza está ligada à habitação quer por via do nível de rendimento quer das próprias condições de habitabilidade. De facto a escassez de recursos obriga a que as famílias pobres se concentrem em bairros de realojamento ou de habitação social, em casas velhas ou mesmo, nas situações mais extremas, em barracas. Trata-se de habitações onde predominam problemas de construção, exíguas em termos de espaço (até porque geralmente o número de ocupantes é elevado) e de luz. Adicionalmente, inserem-se em ambientes com infra-estruturas reduzidas e com escassos equipamentos sociais e de alguma forma segregados devido aos problemas de segurança e criminalidade que muitas vezes lhes estão associados. A vivência em bairros de habitação degradada é por isso um elemento marcante na vida das crianças que aí residem em virtude da precaridade de condições físicas e dos aspectos sociais que lhe estão associados.

(iv) Inserção social

O meio envolvente, a interacção social, o alargamento e conhecimento de outros modos de vida e de outras actividades, de outros espaços e culturas são factores de enriquecimento do desenvolvimento da criança e, por isso, condicionantes do seu bem-estar. Trata-se de uma dimensão com uma natureza diferente das anteriormente referidas quer pela dificuldade de mensuração inerente quer pelo nível de interdependência estabelecido com as restantes dimensões. Os elementos de bem-estar incluídos são fundamentalmente aferidos através de metodologias qualitativas e/ou recurso a indicadores indirectos.

A passagem que a seguir se transcreve do trabalho de La Gorce, F. (1981); *Les enfants du Quart-Monde: signe d'une société handicapée*, ilustra de uma forma clara as condições de vida das crianças de meios mais desfavorecidos: *"Il n'est pás besoin d'etudes approfondies pour imaginer les retentissements de la pauvreté matérielle sur le développement de l'enfant: alimentation insuffisante, irrégulière ou mal équilibrée, logement précaire, surpeuplé, bruyant, sordide et malsain, travaux penibles et responsabilités precoces, angoisse du lendemain partagés avec ses parents se répercuteront sur son corps, son intelligence, sa perception du monde et des autres. Le faible niveau des parents, la pauvreté de leur langage (or leur langage de pauvres qui ne correspond à celui de l'environnement), l'eventail restreint des experiences positives, des intérêts, des simulations, des ambitions ne favoriseront pas son appétit d'instruction et de bonne insertion à l'école."* (Ibid., 1979, p.48, 49).

Em síntese, o conceito de pobreza infantil considerado neste trabalho identifica a pobreza das crianças como um estado de privação em diversas áreas, relacionadas com: o agregado familiar, a educação, a saúde, a habitação e a inserção social. Trata-se de um conceito que traduz a multidimensionalidade desta problemática. Trata-se também de um conceito relativo na medida em que tem implícito um padrão de bem-estar, delimitado no espaço e no tempo.

A metodologia de análise considera a criança como a unidade de observação. A abordagem empregue privilegia a adopção de metodologias de avaliação directa da pobreza e implicitamente o recurso a indicadores qualitativos das condições de vida.

O trabalho que aqui apresentamos pretende contribuir para o diagnóstico e aprofundamento da problemática da pobreza infantil, através da identificação de áreas / domínios de privação específicos, facilitando desse modo a definição de políticas sociais e o processo de decisão e acção sobre esta matéria.

3.
Caracterização económico-social da zona em estudo

No sentido de contextualizar a análise de resultados do inquérito subjacente a este estudo procede-se, neste capítulo, a uma caracterização dos diversos concelhos abrangidos por este projecto, em termos económicos e sociais. Esta caracterização envolve variáveis relacionadas com: demografia, educação, habitação, mercado de trabalho e situação económica. Analise-se sumariamente cada uma destas áreas.

(i) Demografia

A repartição da população residente pelos diversos escalões etários nos diferentes concelhos, era relativamente semelhante. De acordo com os dados do Quadro 1, mais de metade dos residentes estava em idade activa. Nestes concelhos a proporção de crianças era sensivelmente igual à proporção de idosos, excepto em Lisboa onde a quota de idosos na população total era também maior do que nos restantes concelhos. Sintra, pelo contrário, era o concelho onde se registava uma maior percentagem de crianças no conjunto dos residentes.

Em termos verticais, ou seja relativamente ao total de pessoas de cada escalão, cerca de metade das crianças da zona em estudo residiam em Lisboa e em Sintra. A maioria dos idosos era proveniente de Lisboa (91%) confirmando o envelhecimento da população deste concelho, indiciado anteriormente.

QUADRO 1: **População residente (2004)**

Concelho \ Idade	0-14	15-24	25-64	65 ou mais
Amadora	26557	20833	101254	27595
Cascais	29278	20171	102924	29071
Lisboa	67444	52651	281110	128280
Loures	31177	24362	116163	27529
Odivelas	21324	17546	85710	19415
Oeiras	24713	18580	97922	27260
Sintra	75292	45944	238190	50056

Fonte: INE

No que concerne a caracterização das famílias de cada um dos concelhos optou-se por considerar apenas dois atributos: a dimensão e a monoparentalidade (Quadro 2) dada a associação que os mesmos têm com o bem-estar das crianças.

No que concerne a dimensão, esta é relativamente homogénea nos diferentes concelhos. Já em termos de monoparentalidade existem diferenças assinaláveis. Aliás, podem de certa forma agrupar-se os diversos concelhos em três grandes grupos: Oeiras com a maior proporção deste tipo de famílias; depois Amadora Cascais e Lisboa e finalmente, Loures, Odivelas e Sintra com pesos idênticos.

QUADRO 2: **Famílias por atributos (2001)**

Concelho	Dimensão média	% famíiasmonoparentais
Amadora	2,61	10,60
Cascais	2,67	10,90
Lisboa	2,37	10,70
Loures	2,78	9,50
Odivelas	2,73	9,20
Oeiras	2,60	11,20
Sintra	2,73	9,30

Fonte: INE

(ii) Educação

Neste domínio e tendo em atenção o grau de instrução da população residente, alguns dados do último censo reunidos no Quadro 3, mostram que Oeiras é o concelho onde se registava uma menor taxa de analfabetismo e, simultaneamente, aquele onde existia uma maior proporção de pessoas com ensino superior completo. Em Lisboa, apesar da proporção de residentes com ensino superior completo ser próxima da de Oeiras, a taxa de analfabetismo era a mais elevada da zona traduzindo uma acentuada variabilidade de níveis de escolaridade nos residentes deste concelho. Odivelas parecia ser o concelho onde, em média, se registava um menor nível de escolaridade da população residente uma vez que é o concelho com menor número de pessoas que completaram o ensino superior, não existe um número significativo de residentes com o 3º ciclo completo e a taxa de analfabetismo é relativamente elevada. Em Sintra a população tinha fundamentalmente níveis médios de escolaridade tal como, de certa forma se pode afirmar, relativamente a Cascais, apesar de aqui o número de pessoas com ensino superior ser mais significativo. Amadora e Loures tinham uma população pouco escolarizada, em termos relativos, uma vez que a taxa de analfabetismo era relativamente

QUADRO 3: **População residente segundo o grau de instrução (2001)**

Concelho	Taxa de analfabetismo	% Pop. c/ 3º ciclo completo	% Pop. c/ ensino superior completo
Amadora	5,50	42,80	8,30
Cascais	4,50	50,60	14,80
Lisboa	6,00	49,30	17,20
Loures	5,90	39,80	7,60
Odivelas	5,10	42,00	6,90
Oeiras	3,70	55,20	17,80
Sintra	4,20	45,20	7,90

Fonte: INE, Recenseamento Geral da População

elevada, a proporção de residentes com ensino superior completo não era assinalável tal como a quota da população com o 3º ciclo completo.

(iii) Habitação

De acordo com a informação contida no Quadro 4, Lisboa apresentava um parque habitacional muito mais envelhecido do que os restantes concelhos uma vez que o índice de envelhecimento dos seus edifícios[5] era cerca de dez vezes superior à média dos restantes concelhos. Nos restantes concelhos Loures destacava-se em termos de envelhecimento dos edifícios, em oposição a Odivelas.

No que diz respeito a infra-estruturas básicas como água, esgotos, electricidade e gás a grande maioria das habitações desta zona estava equipada, pelo que não se apresentam estatísticas.

QUADRO 4: **Índice de envelhecimento dos edifícios (2001)**

Concelho	Índice
Amadora	65,30
Cascais	46,20
Lisboa	581,40
Loures	75,70
Odivelas	35,20
Oeiras	59,80
Sintra	55,80

Fonte: INE, Recenseamento Geral da População

[5] O Índice de Envelhecimento dos Edifícios calculado pelo INE relaciona o número de edifícios construídos antes de 1960 por cada 100 edifícios construídos entre 1991 e 2001. Este índice refere-se ao ano de 2001.

(iv) Mercado de trabalho

O Quadro 5 sintetiza informação relativa ao mercado de trabalho, considerada relevante no contexto da análise do bem--estar das crianças.

QUADRO 5: **Indicadores relativos ao mercado de trabalho (2001)**

Concelho	Taxa de desemprego	Índice de mulheres	Proporção de reformados	Proporção de domésticos
Amadora	7,80	112,30	17,40	3,60
Cascais	6,90	114,40	16,30	4,10
Lisboa	7,40	94,00	25,30	3,50
Loures	7,00	113,80	15,80	4,10
Odivelas	6,70	113,20	14,90	3,70
Oeiras	7,10	104,50	17,40	3,50
Sintra	7,10	143,10	12,30	3,60

Em termos de desemprego, era na Amadora que se registava uma maior taxa, apesar das diferenças entre os diversos concelhos não serem notórias. Já relativamente ao índice de mulheres desempregadas, a diferenciação era significativa sendo de notar um peso mais significativo do desemprego feminino no concelho de Sintra.

Em Lisboa a quota dos reformados era a mais elevada da zona em estudo, em consonância com a estrutura da população apresentada.

Loures e Cascais registavam a maior proporção de domésticas, podendo eventualmente indiciar maior disponibilidade para o cuidado das crianças a cargo. Na posição oposta estavam Oeiras e Lisboa onde, simultaneamente, se registava uma participação mais significativa das mulheres no mercado de trabalho.

22 | Análise das condições de vida das crianças

(v) Situação económica

Na análise da situação económica de cada concelho foram consideradas as variáveis que constam do Quadro 6. Estas variáveis fornecem algumas informações sobre os recursos económicos da população residente na zona em estudo.

Odivelas e Sintra são os concelhos em que se registava uma maior proporção de residentes cujo principal meio de vida é o trabalho. Em Lisboa e de acordo com a elevada percentagem de idosos aí residente já mencionada, a proporção da população cujo principal meio de vida são as pensões/reformas atingia o seu valor máximo, distinguindo-se significativamente dos restantes concelhos.

No que concerne a escassez de rendimento e portanto o recurso a subsídios temporários é na Amadora que se registava uma maior quota da população cujo principal meio de vida são estes subsídios, indiciando uma presença mais significativa da pobreza e exclusão social.

Por último recorreu-se a um indicador do poder de compra calculado pelo INE, o Índice de Poder de Compra per-capita que avalia comparativamente o poder de compra de cada residente com a média nacional. Os valores deste índice mostram que Sintra era o concelho onde se registava um menor poder de compra seguido por Odivelas, Loures e Amadora. Em contrapartida Lisboa destacava-se por um elevado poder de compra na zona em estudo.

QUADRO 6: **Indicadores relativos à situação económica (2001)**

Concelho	% Pop. cujo principal meio vida é o trabalho	% Pop. cujo principal meio vida são os subsídios	% Pop. cujo principal meio vida são as pensões/reforma	Poder de compra per capita
Amadora	48,10	3,10	18,20	129,09
Cascais	47,80	2,10	17,10	162,29
Lisboa	43,20	2,30	26,30	277,93
Loures	48,80	2,90	16,60	116,65
Odivelas	50,70	2,50	15,80	109,43
Oeiras	48,50	2,30	18,30	180,97
Sintra	51,70	2,60	13,10	104,51

4.

Metodologia

Neste capítulo são apresentados os principais elementos metodológicos de construção da base de dados assim como os instrumentos e indicadores de bem-estar utilizados, no processo de aferição do bem-estar das crianças.

A metodologia empregue parte da aplicação de um inquérito por amostragem. Assim, no ponto 4.1 analisa-se o inquérito utilizado, identificando as diversas componentes estruturantes do mesmo. No ponto 4.2 é definida a população de análise ou objecto do estudo. No ponto 4.3 apresenta-se o plano de amostragem utilizado. Por último, no ponto 4.4 é analisada a abordagem de aferição do bem-estar das crianças proposta, a ser aplicada no ponto 5 de análise dos resultados obtidos com a aplicação do questionário.

4.1 Apresentação e análise do inquérito

A análise do bem-estar das crianças é uma tarefa complexa na medida em que, por um lado, não existe uma definição consensual de bem-estar e, por outro lado, não é linear a escolha da unidade de observação.

De facto a noção de bem-estar está associada à satisfação do indivíduo num conjunto diversificado de áreas e, por isso, é um conceito necessariamente multidimensional. A operacionalização deste conceito tem implícita a definição de áreas ou domínios que condicionem o bem-estar do indivíduo.

No que concerne a avaliação do bem-estar das crianças coloca-se um problema adicional, relacionado com a escolha da unidade de observação: o adulto ou a criança? É verdade que o adulto tem capacidade para fundamentar mais consistentemente a avaliação do bem-estar da criança mas também pode transmitir uma imagem enviesada e incompleta desse bem-estar, uma vez que a variável em questão inclui uma componente subjectiva que só poderá ser identificada a partir da criança. Porém, note-se que também a criança pode introduzir factores de enviesamento na tradução do seu bem-estar por incapacidade de avaliação e/ou tradução do mesmo em termos reais.

Neste estudo a criança foi a unidade estatística de observação por excelência. O inquérito foi respondido pelas crianças e, posteriormente, validado pela escola. Optou-se assim por uma solução de compromisso que permitiu, por um lado dar voz às crianças e, por outro lado, sustentar a avaliação que estas fizeram do seu bem-estar.

Esta opção metodológica permitiu a obtenção de um amplo conjunto de dados relativos às condições de vida das crianças, de natureza pouco comum ou mesmo inexistente no nosso país.

No sentido de delimitar o conceito de bem-estar, foi apresentada e discutida no ponto 2 uma definição de pobreza infantil que identifica a pobreza das crianças como um estado de privação. Estas áreas traduzem o carácter multidimensional da pobreza infantil que não se resume assim, nem se esgota, na escassez de rendimento da família.

A pobreza infantil significa a existência de carências em áreas fulcrais do bem-estar das crianças. A existência de carências de vária ordem acentua o nível de pobreza ou privação da criança em consequência das interacções estabelecidas entre as diferentes dimensões.

Tendo em conta os trabalhos desenvolvidos nesta área[6] e o enquadramento teórico relativo à problemática do bem-estar da criança, foram considerados neste estudo cinco dimensões de bem-estar, relacionadas com: (i) o agregado, (ii) a educação, (iii) a saúde, (iv) a habitação e (v) a inserção social. Analisam-se sumariamente as questões incluídas no inquérito[7] relativas a cada uma destas dimensões.

(i) Agregado familiar

Neste domínio pretendeu-se caracterizar o agregado em que a criança está inserida quer em termos dos elementos incluídos (figuras parentais, irmãos, outros familiares ou outras pessoas) quer da escolaridade e actividade profissional dos pais/ /responsáveis pela criança e também a percepção subjectiva da criança relativamente aos recursos económicos da família.

Ao considerarmos a necessidade de alargar a perspectiva tradicional de análise do problema da pobreza infantil não estamos a negligenciar a importância e o impacto do agregado e, em particular, dos seus recursos económicos enquanto determinante do bem-estar da criança. De facto as condições de vida da criança não se podem desligar do contexto familiar. A observação indirecta do seu bem-estar pode escamotear aspectos importantes da vida da criança que não passam necessariamente e exclusivamente pelo nível de rendimento da sua família. As crianças têm necessidades que se sobrepõem às dos adultos

---

[6] Neste domínio refiram-se os trabalhos de Bastos, A. e Nunes, F. (2007); Bastos, A. Fernandes G. e Passos, J. (2004) ; Bastos, A.(1999); Ferreira, L. (1994) e Silva, M. (1991) referidos na bibliografia. Estes trabalhos para além da reflexão teórica que fazem no domínio da problemática em análise incluem também uma componente empírica que fornece elementos relativos à incidência, intensidade e comportamento dinâmico da pobreza infantil em Portugal.

[7] O texto do inquérito encontra-se no Anexo I.

mas também têm outras que lhes são próprias. As especificidades da pobreza infantil justificam o seu estudo autónomo relativamente ao fenómeno mais geral da pobreza e por isso, a observação directa da criança e não indirecta, através da família.

As questões relativas ao agregado familiar (1.1 a 1.14) pretendem: conhecer a dimensão e composição da família, o seu nível de rendimento (em termos meramente qualitativos), o grau de instrução dos pais/responsáveis e aspectos relacionados com a inserção destes no mercado de trabalho, a percepção da criança relativamente a eventuais constrangimentos monetários e a sua participação nas actividades da família.

É conhecida a relação quase directa entre a dimensão do agregado e a pobreza: as famílias numerosas são particularmente vulneráveis a este problema. O mesmo se aplica a determinadas composições familiares de onde se destacam as famílias monoparentais. Aliás no contexto da pobreza infantil e da pobreza em geral estas são as tipologias mais atingidas em termos de incidência, intensidade e severidade do problema. Do ponto de vista longitudinal estas são também as tipologias onde a persistência do problema é mais acentuada.

As questões relativas à escolaridade dos pais/responsáveis têm por objectivo contextualizar aspectos relacionados com a escolaridade da própria criança em termos de apoio e incentivo, apesar da não linearidade entre estes aspectos e o sucesso escolar.

Os elementos relativos à inserção no mercado de trabalho dos pais/responsáveis resultam da forte ligação entre emprego/pobreza /inserção social, condicionantes significativas do bem-estar da criança, por via directa através do rendimento do agregado e, por via indirecta, pelos potenciais problemas gerados pelo desemprego em termos de auto-estima e participação/inserção social.

Uma nota particular para a questão 1.9 que averigua se a criança é considerada como carenciada. As escolas classificam as crianças como tal consoante a análise que fazem do orçamento das famílias em termos de receitas e despesas que estas têm que suportar. Apesar da eventual falta de uniformidade e objectividade de critérios envolvidos neste processo, trata-se de uma "proxy" da variável rendimento que informa de alguma maneira sobre a disponibilidade de recursos financeiros do agregado. Refira-se adicionalmente que só desta forma indirecta é possível obter informação sobre esta matéria. As questões 1.12 e 1.14 constituem de alguma forma variáveis de controlo desta classificação e indiciam a percepção da criança sobre eventuais constrangimentos monetários do agregado, factor importante para o seu bem-estar.

Finalmente a questão 1.13 tem por objectivo identificar eventuais sobrecargas de trabalho por parte da crianças que lhe limitam o tempo de estudo e o tempo de brincar, importantes condicionantes do seu bem-estar.

(ii) Educação

As questões incluídas neste domínio têm como objectivo analisar o sucesso escolar, o apoio e estímulo dado pela família à criança nesta área e a percepção que a criança tem da escola.

Os trabalhos empíricos no âmbito da pobreza infantil sobre o contexto português referenciados acima, mostram que as crianças dos mais desfavorecidos são normalmente atingidas pelo insucesso escolar – daí as questões 2.2 e 2.3 – têm pouco interesse pela escola, muitas vezes porque os seus pais têm também a mesma atitude – daí as questões 2.5, 2.6 e 2.7 – não têm um suporte adequado em casa que lhes estimule os estudos e lhes esclareça as dúvidas – justificação para a questão 2.4. As restantes questões incluídas neste grupo pretendem realizar uma primeira aferição da forma como a criança se sente na escola.

A não frequência da escolaridade obrigatória é determinante no futuro da criança e no seu desenvolvimento no curto prazo.

28 | Análise das condições de vida das crianças

A desigualdade de condições de acesso e frequência em termos de raça/etnia, género e recursos económicos são aspectos a ter em conta na análise da escolaridade das crianças dado o impacto que tais elementos têm no sucesso escolar. Para além dos conteúdos curriculares que transmite, a escola é também um importante meio de socialização da criança quer pela interacção que esta estabelece com as outras crianças como com os professores e auxiliares de acção educativa e por isso, uma fonte de estímulo ao desenvolvimento integral da criança.

(iii) Saúde

Trata-se de um domínio crucial para o bem-estar da criança com implicações a jusante do seu desenvolvimento. São investigados elementos associados com a alimentação, a supervisão médica e a percepção da criança relativamente às suas condições de vida.

As privações no domínio da saúde são determinantes do bem-estar físico e psicológico da criança. Tais privações interagem fortemente com outras dimensões de bem-estar, em particular com a escolaridade.

As questões incluídas neste grupo visam: aferir a vigilância médica de rotina que permite supervisionar o desenvolvimento/ /crescimento adequado e saudável da criança, identificar situações de desequilíbrio, nomeadamente ao nível alimentar – factor particularmente importante no domínio da infância (questões 2.10 a 2.16). Refira-se que nos meios mais desfavorecidos por vezes à escassez de alimentos estão também associados graves erros de alimentação, resultantes de uma informação reduzida sobre a matéria e, de uma certa forma de estar com as crianças, muito permissiva nesta área.

A questão 2.17 visa despistar as situações de carência mais graves uma vez que, infelizmente, em certas escolas a frequência de algumas crianças é somente motivada pelos alimentos que aí lhes são fornecidos. As questões 2.18 a 2.21 têm por objectivo avaliar de alguma forma a percepção subjectiva que a criança tem relativamente à suas condições de vida, transmitindo uma auto-avaliação do seu bem-estar.

(iv) Habitação

Neste grupo pretende-se analisar as condições físicas de habitação da criança e o correspondente meio envolvente. É também inquirida a existência de determinados bens de consumo geralmente presentes num padrão de vida comum.

As questões aqui referidas (2.22 a 2.27) pretendem introduzir na análise elementos associados com a vivência em bairros de habitação degradada, habitações sobrelotadas e inexistência de um padrão mínimo de bens de consumo corrente. Estes elementos têm impacto nas condições de vida da criança e por isso no seu bem-estar.

As condições de habitação são necessariamente comuns ao agregado e à criança. Todavia, reflectem-se de forma diferenciada nos dois grupos. A vivência em bairros de habitação degradada (entenda-se barracas, bairros de realojamento e casas velhas não recuperadas) para além de poder não garantir condições físicas de habitabilidade potencia a exclusão social, pelo carácter marginal que muitos destes bairros possuem. Ainda no domínio das condições físicas, as deficiências de construção e problemas de manutenção comprometem a saúde das crianças. A inexistência de um local apropriado para estudar ou dormir tem implicações directas no sucesso escolar. A falta de infraestruturas e espaços lúdicos contribuem negativamente para o desenvolvimento e bem-estar das crianças. Finalmente, a inexistência de um conjunto mínimo de bens de consumo corrente é um potencial factor de exclusão e limitativo do bem-estar.

(v) Inserção social

Trata-se de um domínio complexo e transversal a diversas áreas. Na sua globalidade as questões aqui inseridas pretendem investigar elementos relacionados com: as rotinas de vida da criança (tempos livres, férias e fins-de-semana, horas de descanso), independência de mobilidade, brincadeiras preferidas e percepção do espaço urbano.

Neste domínio apenas são consideradas para efeitos de análise as questões relativas às rotinas de vida (2.28 a 2.29) uma vez que as restantes saem fora do âmbito da investigação aqui desenvolvida.

As questões incluídas nesta dimensão visam aferir aspectos relacionados com: a rotina de vida diária, a participação em actividades extra-escolares, saídas aos fins-de-semana e férias, hábitos de visita a museus, teatros, entre outros, leitura. As questões sobre a hora de levantar e de deitar visam avaliar o tempo de descanso da criança, factor determinante da sua saúde e do seu sucesso escolar. As restantes questões incluem um conjunto de actividades que promovem o contacto com o exterior e que estimulam o desenvolvimento cognitivo e a inserção social, contrariando uma certa aculturação da pobreza, presente nos meios mais desfavorecidos.

A escola assegura grande parte do processo de socialização da criança. Todavia, a complementaridade da família é indispensável pelo sentimento de pertença e de integração social que promove na criança. Daí a inclusão de questões que incidem sobre actividades desenvolvidas no contexto familiar.

As questões relativas à integração social assumem uma particular importância no âmbito da pobreza infantil. De facto as crianças de meios mais desfavorecidos experimentam muitas vezes sentimentos de exclusão e discriminação que lhes dificultam encetar movimentos de ruptura com o ciclo de transmissão intergeracional da pobreza, no médio prazo, e comprometem a sua auto-estima e o seu bem-estar, no curto prazo.

Metodologia | 31

4.2 População objectivo e população inquirida

A população alvo ou objectivo deste estudo é o conjunto de crianças com idades compreendidas entre os 7 e os 12 anos que vivem na área da Grande Lisboa ou seja, nos concelhos de: Amadora, Cascais, Lisboa, Loures, Oeiras, Odivelas e Sintra. Constrangimentos de ordem prática impediram que a população objectivo integrasse na sua totalidade a base de amostragem. De facto não foi possível incluir nesta base determinados subconjuntos da população objectivo, tais como: crianças de rua, crianças não integradas no sistema de ensino e crianças do ensino particular e cooperativo.

Assim a população objectivo neste trabalho é composta pelas crianças que frequentam os 3º e 4º anos do 1º ciclo da escolaridade obrigatória nas escolas oficiais da área da grande Lisboa, que aderiram ao projecto[8]. Tendo em conta que a unidade de observação deste estudo é a criança foi necessário delimitar a base de amostragem às crianças dos 3º e 4º anos, uma vez que ao nível do 1º ciclo só estas tinham capacidade para responder ao inquérito.

A população objectivo inclui 32 816 crianças repartidas pelos diferentes concelhos de acordo com o Quadro 1:

QUADRO 1: **População objectivo**

Concelho	Amadora	Cascais	Lisboa	Loures	Odivelas	Oeiras	Sintra	Total
Inscritos	2180	2753	9955	4894	3787	2080	7167	32816

---

[8] No Anexo 2 é apresentada a lista das escolas que aderiram ao projecto de investigação que esteve subjacente a este estudo – *Análise dos Níveis de Bem-Estar das Crianças* – referido no capítulo 1.

4.3 Desenho da amostra

O processo de selecção da amostra é um elemento fulcral de qualquer estudo por amostragem. Os procedimentos adoptados condicionam a precisão dos resultados e a inferência estatística e, em última análise, a credibilidade e a fiabilidade do estudo.

Neste trabalho o desenho da amostra utiliza a técnica da estratificação com afixação proporcional à dimensão de cada estrato. Ou seja, a população objectivo é agrupada em subconjuntos – os estratos – sendo a dimensão da amostra relativa a cada estrato proporcional ao número de elementos ou unidades estatísticas incluídas nesse estrato.

Assim, considerou-se que cada escola era um estrato que contribuiria para a amostra com tantos mais alunos quanto maior fosse o número de inscritos nessa mesma escola.

A selecção dos alunos para a amostra foi feita de forma aleatória dando assim origem a uma amostra probabilística.

A estratificação para além de permitir a obtenção de uma amostra de qualidade superior à que poderia ser obtida através de um processo de amostragem simples, permite o estudo de subpopulações o que, no caso vertente, potencia a realização de estudos ao nível de cada concelho, de cada freguesia e até de cada escola [9].

A amostra recolhida resultou da aplicação do questionário a 5161 crianças, no 2º semestre de 2005 e 1º trimestre de 2006, distribuídas pelos diversos concelhos de acordo com o Quadro 2.

---

[9] No que diz respeito à freguesia a realização destes estudos está condicionada pela representatividade destes agregados uma vez que, por um lado, nem todas as escolas oficiais aderiram ao projecto e, por outro lado, nem todas as freguesias têm escolas de 1º ciclo. O mesmo se aplica à micro unidade escola dado que, dentro de cada escola, nem todas a turmas aderiram.

QUADRO 2: **Amostra observada**

Concelho	Observados
Amadora	600
Cascais	544
Lisboa	1224
Loures	235
Odivelas	468
Oeiras	317
Sintra	1773
Total Geral	*5161*

4.4 Elementos metodológicos de aferição do bem-estar

A mensuração do bem-estar e consequentemente da pobreza enquanto situação de défice de bem-estar é uma tarefa complexa, em virtude da multidimensionlidade envolvida, do carácter subjectivo e de teor qualitativo das variáveis envolvidas. O Social Indicators Movement iniciado nos anos 60 introduziu um conjunto de alterações na formulação e especificação de indicadores sociais, nomeadamente de bem-estar. A partir de então organizações internacionais tais como a OCDE e as Nações Unidas iniciaram a publicação sistemática de indicadores sociais.

A definição apresentada pelo US Department of Health, Education and Welfare's em 1969 citada em Bastos, A. (1999) traduz algumas das especificidades dos indicadores sociais. De acordo com o texto referido um indicador social é: *"(...) a statistic of direct normative interest which facilitate concise, comprhensive, and balanced judgements about the conditions of major aspects of society. It is in all cases a direct measure of welfare and is subject to the interpretation that, if it changes in the right direction, while other things remain equal, things have gotten better, or people are better off."* In Bastos, A. (1999, p.100).

34 | Análise das condições de vida das crianças

A autora referida diz a propósito: "Esta definição acentua duas importantes características dos indicadores sociais: o carácter normativo e o facto de se tratar de medidas que incidem directamente sobre o bem-estar". Ibid. (1999, p. 100). O carácter normativo implica a clarificação do significado de *changes in the right direction*, significado esse que pode variar no tempo e no espaço. A aferição directa do bem-estar referida, por seu lado, é uma tarefa difícil de realizar na prática, dada a complexidade da noção de bem-estar. No processo de construção dos indicadores sociais as principais dificuldades encontram-se ao nível da selecção das variáveis a considerar na tradução quantitativa do fenómeno em causa e, da avaliação da qualidade do indicador.

Os indicadores relativos à pobreza infantil são necessariamente abrangidos pelas questões discutidas sobre os indicadores sociais. Neste contexto, pretende-se neste ponto, por um lado, discutir a resolução destas questões no âmbito da problemática em análise e, por outro lado, propor medidas específicas de aferição do problema.

Tradicionalmente a pobreza infantil tem vindo a ser avaliada a partir dos indicadores relativos ao fenómeno mais geral da pobreza. Esta abordagem é uma consequência directa da metodologia de análise do problema que, tal como já foi referido nos pontos anteriores, tinha subjacente um conceito de criança pobre estritamente assente na avaliação do rendimento da família e que, por isso, identifica a pobreza da criança com a escassez de rendimento do agregado, unidade privilegiada de observação. De acordo com esta abordagem o bem-estar da criança é determinado pelo nível de rendimento da família e, por isso, os indicadores clássicos traduzem alguma medida da incidência do fenómeno mas não da sua intensidade.

Neste trabalho para além dos indicadores clássicos da pobreza infantil, calculados a partir da informação disponível sobre o rendimento das famílias, é utilizada uma metodologia econométrica que pretende complementar e aprofundar esta abordagem. Esta metodologia selecciona e identifica com base na informação fornecida pelo inquérito, o conjunto de variáveis associadas ao rendimento que permitem distinguir o conjunto das crianças pobres (em sentido estrito e por isso apenas determinado pelo facto da criança viver numa família pobre) das não pobres ou seja, definir um perfil de criança pobre.

Esta metodologia permite identificar um conjunto de elementos que constituem um ponto de partida importante quer para a definição de indicadores compósitos de pobreza infantil como para a definição de políticas sociais que visam debelar o problema. A seriação estabelecida pela grelha de indicadores assim definida permite identificar áreas ou domínios de carência directamente associados ao nível de rendimento da família e, por isso, potenciais objectos de medidas de política via rendimento, ou não.

Para além da dimensão monetária, a conceptualização de pobreza infantil subjacente à análise desenvolvida neste trabalho incorpora outras dimensões. Relembre-se aliás que, de acordo com a discussão elaborada no capítulo 2, a abordagem prosseguida considera a pobreza infantil como um estado de privação multidimensional, ao nível: do agregado familiar, da escolaridade, da saúde, da habitação e da inserção social. Trata-se por isso de desenvolver neste ponto uma metodologia de mensuração das situações de privação.

Townsend (1979) foi o percursor no ensaio de aferição da privação. A partir da selecção de 12 atributos o autor propôs um índice de privação em que cada atributo era uma variável binária que assumia o valor 0 quando o indivíduo não estava privado relativamente a esse atributo e 1 na situação contrária. Posteriormente, Mack e Lansley (1985) prosseguiram na linha de investigação iniciada por Townsend mas acrescentaram uma metodologia de definição do limiar de privação. Assim e de acordo com estes autores, um atributo é necessário se mais de 50% da população o considerar como tal. Trata-se de um limiar de privação com um significado semelhante ao da mediana em termos estatísticos. Hallerod (1994) desenvolveu uma abordagem semelhante mas pondera de forma diferenciada os diversos atributos na construção de um índice compósito de privação. Outros autores como Desai e Shah (1998) e Ceroli e Zani (1990) desenvolvem a construção de uma escala de privação segundo a qual um indivíduo pode estar total ou parcialmente privado relativamente a cada atributo. Recentemente a Teoria dos Conjuntos Difusos tem desenvolvido a determinação de níveis intermédios de privação.

A privação surge como um alargamento do conceito de pobreza que pretende captar as carências materiais e imateriais das famílias e indivíduos, através da observação directa das suas condições de vida. Esta tem vindo a ser a linha de investigação prosseguida pelos organismos internacionais, nomeadamente o EUROSTAT.

Cingir a pobreza à escassez de rendimento pode ser muito redutor. Até porque a evidência empírica mostra que existe uma significativa proporção de indivíduos que são considerados pobres, no sentido estritamente monetário do termo, mas que não registam elevados níveis de privação. De facto as condições de vida dos indivíduos estão condicionadas quer pelo nível do rendimento corrente como por outros factores associados à estratégia de vida prosseguida, às poupanças existentes e, mais genericamente, ao contexto de vida e rede de apoio familiar.

A definição de um índice de privação é um processo que se desenvolve fundamentalmente nas etapas que se seguem:

(i) Selecção dos atributos ou indicadores das condições de vida

A selecção destes indicadores deverá sintetizar e abranger as diversas vertentes da vida dos indivíduos e das famílias por forma a que, no seu conjunto, estes indicadores traduzam as condições de vida e implicitamente de bem-estar subjacente.

A metodologia de seriação destes indicadores não é consensual podendo assentar exclusivamente em elementos da teoria económica e de estudos empíricos anteriores ou em métodos de estatística multivariada que permitem robustecer a selecção efectuada.

O processo de seriação de atributos tem fundamentalmente duas fases: numa primeira fase são definidos os domínios ou dimensões de bem-estar que agregam um conjunto de indicadores a serem estabelecidos numa segunda fase.

(ii) Avaliação de cada unidade de observação

Face a cada um dos indicadores provenientes da etapa anterior é definido um limiar de privação que distingue as situações de privação das de não privação (ou os níveis intermédios de privação). A determinação deste limiar pode ser imediata, dependendo do indicador em causa. Noutros casos tal definição é feita a partir da teoria económica ou do comportamento do atributo na população. Definido este limiar cada indivíduo ou unidade de observação é avaliado relativamente a cada atributo no sentido de o posicionar face à escala de privação adoptada.

(ii) Agregação dos atributos

Após a determinação do valor que cada unidade de observação assume relativamente a cada atributo tem-se disponível uma base de dados que permite, através do processo de agregação, obter indicadores compósitos de privação para cada unidade de observação ou para cada dimensão / categoria de bem-estar. O processo de agregação referido poderá resultar de uma soma ponderada dos diversos atributos ou simplesmente considerar pesos iguais para os diversos indicadores.

No âmbito deste trabalho o índice de privação proposto parte, por um lado, do conceito de pobreza infantil estabelecido e, por outro lado, da informação disponível por aplicação do questionário anteriormente apresentado. Tendo em conta as dimensões de bem-estar incluídas na conceptualização da pobreza infantil, a teoria económica e os estudos empíricos realizados sobre a realidade portuguesa, listam-se de seguida os diversos indicadores considerados e correspondentes limiares de privação:

Selecção das variáveis que integram o Índice de Privação

DIMENSÃO / VARIÁVEL	LIMIAR DE PRIVAÇÃO
Agregado familiar	
1.2 Quantos irmãos tens?	> 2
1.5 Nível de escolaridade da mãe	< curso unificado
1.6 Nível de escolaridade do pai	< curso unificado
1.9 A criança é considerada como "carenciada"?	Sim
Escolaridade	
2.3 Quantas vezes já chumbaste?	> 1
2.4 Quem te ajuda a fazer o tpc ou te esclarece dúvidas?	Ninguém
Saúde	
2.10 Costumas ir ao médico só quando estás doente?	Sim
2.17 Quando tens fome normalmente há comida em casa?	Não
Habitação	
2.22 A casa onde vives é:	Habitação degradada
2.24 Dos bens que se seguem diz quantos existem na tua casa	< 4
Inserção social	
2.33 Nos teus tempos livres tens alguma das actividades que se seguem fora do ATL?	Não
2.36 E nas férias para onde costumas ir?	Fico em casa

Analise-se sumariamente cada um dos indicadores seleccionados e respectivos limiares de privação.

A) Agregado familiar

A opção do "número de irmãos" como indicador de privação resulta da particular vulnerabilidade que os diversos estudos empíricos no âmbito da pobreza e da pobreza infantil em particular, mostram existir no caso das famílias numerosas. Adicionalmente também se verifica uma estreita associação entre o número de filhos e a pobreza uma vez que nos meios mais desfavorecidos o número de filhos é superior à média, fruto da imprevidência, modo de vida e aspectos culturais. Considerando um número médio de filhos por casal de 2 (já superior ao estimado pelo Instituto Nacional de Estatística), adoptou-se um limiar de privação que tem subjacente 3 filhos por casal.

Apesar da potencial associação entre os níveis de escolaridade dos pais / responsáveis, considerou-se adequado incluir informação relativa ao nível de escolaridade dos dois uma vez que o mesmo está associado com a profissão e com a inserção no mercado de trabalho. Por outro lado estes atributos condicionam directa e indirectamente a escolaridade da criança e algumas das suas rotinas de vida, tais como os hábitos de leitura, por exemplo. A escolaridade obrigatória define naturalmente o limiar de privação. Finalmente o indicador relativo ao estatuto de carenciado / não carenciado não poderia deixar de ser incluído dado que se trata de uma "proxy" do nível de rendimento da família. Obviamente que o limiar de privação está implícito no atributo.

B) Escolaridade

A importância do sucesso escolar como elemento integrante do bem-estar da criança, enquanto factor que influi e simultaneamente resulta desse bem-estar, esteve subjacente na escolha dos atributos relativos a esta dimensão. A reduzida expressão de um número de reprovações superior a 1 conduziu à especificação do limiar de privação

40 | Análise das condições de vida das crianças

correspondente. No que concerne o apoio na realização do "tpc", o limiar de privação é naturalmente determinado.

C) Saúde

A vigilância médica periódica e de rotina é um importante elemento de supervisão do desenvolvimento da criança. Esta falta de acompanhamento pode ter consequências negativas tanto no curto como médio prazos, podendo estar associado a défices de bem-estar. O direito a cuidados de saúde adequados é um direito consagrado na Convenção dos Direitos da Criança. Dai a inclusão deste indicador no índice de privação. O correspondente limiar de privação está implícito na sua definição.

Relativamente ao segundo atributo seleccionado, a existência de alimentos com qualidade adequada torna-se tão importante quanto a realidade tem mostrado que, tal como já foi referido anteriormente, a frequência da escola é para algumas crianças motivada apenas pela alimentação que aí recebem. A nutrição deficiente para além de comprometer a saúde da criança compromete a sua produtividade na escola.

D) Habitação

A vivência em habitat degradado é, tal como já foi discutido, um factor que contribui negativamente para o bem--estar da criança, quer por via das condições físicas de habitabilidade (com implicações na saúde e escolaridade) como por intermédio da exclusão social que lhe está geralmente associada. Daí que o limiar de privação esteja estabelecido a este nível e que este indicador seja considerado. Ainda no domínio da habitação e tendo em conta o carácter relativo da pobreza infantil estabelecido, não possuir pelo menos metade dos bens de consumo corrente referidos pode constituir um factor de exclusão e por isso contribuir negativamente para o sentimento de bem-estar da criança.

E) Inserção social

A frequência de actividades extra-curriculares para além de poder ser enriquecedora significa normalmente a prática de actividades gratificantes para a criança e, por isso, estimulantes do seu bem-estar. Dada a diversidade de ofertas até com custos bastante reduzidos, a sua inexistência nas rotinas de vida da criança pode traduzir algum grau de privação.

Finalmente a inexistência de férias no sentido de significar pelo menos sair de casa é com certeza um sinónimo de escassez de rendimento e que se repercute no bem-estar da criança. Esta vê-se assim privada de partilhar momentos de lazer com os restantes elementos do seu agregado e diferenciada relativamente aos seus pares.

Na medida em que o processo de agregação dos atributos considera a adopção de pesos iguais, procurou-se igualar o número de indicadores por categoria. O Índice de Privação proposto é assim um indicador de contagem, cujo valor poderá estar entre 0 e 12 e que, quanto maior tanto mais intenso é o nível de privação.

5.

Análise económico-social
dos resultados do inquérito

Neste capítulo realiza-se a análise descritiva e interpretativa dos resultados do inquérito. Esta análise permitirá, por um lado, caracterizar as condições de vida das crianças observadas e, por outro lado, identificar as variáveis que mais significativamente distinguem as crianças carenciadas das não carenciadas. Adicionalmente a análise elaborada permitirá também realizar um estudo comparativo entre os diversos concelhos que integraram a pesquisa.

5.1 Análise Descritiva Dos Resultados Globais

5.1.1 *Caracterização dos agregados familiares*[10]

Estas crianças vivem, na sua maioria (70,7%) com os pais. Quando tal não acontece a situação mais comum é as crianças

---

[10] Na leitura deste ponto 5 torna-se necessário chamar a atenção para o facto de, para algumas variáveis, a soma das frequências das classes ser superior a 100% em virtude de nas questões que estão na base da definição dessas variáveis, as crianças poderem responder a mais de uma opção.

viverem só com a mãe (15.4%) ou com mãe e padrasto (5.9%). Situações de monoparentalidade masculina correspondem a apenas 1.7% dos casos e crianças a viverem com o pai e madrasta são ainda mais raras (1%). Existem ainda 4.7% das crianças que vivem com familiares e 0.5% com outras pessoas não pertencentes à família da criança.

A maioria têm 1 ou 2 irmãos (44.8%+21.2%=66%), 14.3% são filhos únicos, 17.2% têm entre 3 e 5 irmãos e apenas 2.5% têm mais de 6 irmãos. No primeiro destes grupos 90.7% dos que têm 1 só irmão e 65.8% dos que têm 2 irmãos vivem com ele(s).

A percentagem de crianças que vivem com todos os irmãos decresce rapidamente com o aumento do número de irmãos.

Como seria de esperar, dado serem alunos dos 3º e 4º anos de escolaridade básica, a idade média dos inquiridos é de 9 anos. De entre eles, 95.4% tem entre 8 e 11 anos. A franja dos mais atrasados (12 a 14 anos) corresponde apenas a 3.8%.

As mães destas crianças possuem uma escolaridade equivalente ao 1º e 2º ciclo do ensino básico (34.4%), curso unificado e complementar (36.4%) e curso superior (11.5%). É de notar que 2.2% das mães continuam a não saber ler/escrever. As percentagens equivalentes para os pais são respectivamente de 32.9%, 31.9% e 9.6% [11] o que parece indicar um menor grau de escolaridade dos pais em relação às mães. Os pais analfabetos são contudo em menor percentagem (1.1%).

---

[11] Chama-se a atenção para o facto de a taxa de não resposta para os pais atingir os 24.4% enquanto as das mães é de 16.3%)

FIGURA 1

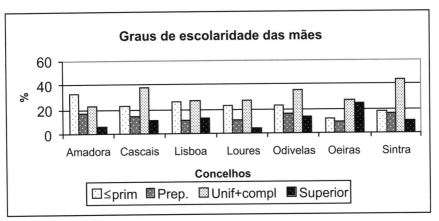

A análise das profissões dos pais e mães destas crianças, sobretudo quando se tem em conta os números da escolaridade acima referidos, reflecte um panorama de discriminação da mulher no mercado de trabalho português. Com efeito, apesar do maior grau de escolaridade relativa, as mulheres estão menos representadas (15.2%) que os homens (19%) entre os especialistas de profissões intelectuais e científicas e os técnicos de nível intermédio e mais representadas entre as profissões não qualificadas (42.8% contra 25.2%). Por outro lado, estão mais representadas nos serviços e nas profissões administrativas (22.3% e 13.4% contra 18.9% e 7%) e menos representadas entre os operários (5.3% contra 21.7%). Nota-se ainda que as mulheres estão mais concentradas num menor leque de profissões enquanto os homens se dispersam por um leque mais variado.

O desemprego afecta mais as mulheres que os homens, na amostra apenas 80.4% das mães tiveram trabalho no último ano contra 90.8% dos pais. Tanto para os pais como para as mães a percentagem dos que não tiveram trabalho no último ano desce com o aumento do grau de escolaridade[12]. O mesmo

---

[12] A correlação entre o grau de escolaridade e a situação no mercado de trabalho é significativa.

tipo de relação aparece também quando se analisa a relação entre a profissão[13] e a situação no mercado de trabalho quer para os pais quer para as mães.

Em relação à percepção de existência de dificuldades financeiras do agregado familiar, 45.8% das crianças afirmam senti-las. Existe uma correlação negativa significativa[14] desta variável com o grau de escolaridade e a profissão tanto do pai como da mãe, isto é, as dificuldades são mais sentidas em agregados familiares em que o pai e/ou a mãe tem um menor grau de escolaridade e profissões menos qualificadas.

Tendo em conta a caracterização sócio-económica dos concelhos, a distribuição por concelhos, das crianças classificadas como carenciadas parece indicar a necessidade de rever os critérios para a classificação de uma criança como carenciada ou tornar mais homogénea a sua aplicação.

FIGURA 2

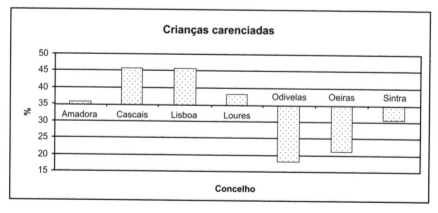

A comparação da percentagem de crianças carenciadas na Amadora e em Cascais leva-nos a suspeitar da existência de

---

[13] O desemprego é maior para mães/pais em profissões menos qualificadas.

[14] Excepto nos concelhos de Loures e Oeiras.

uma grande disparidade de critérios entre concelhos, mesmo considerando que os filhos de pais com boa situação financeira, vivendo em Cascais, não andam em escolas públicas.

Em casa, a maioria das crianças (85.6%) afirma ajudar na limpeza e arrumação sendo muito menor a proporção dos que ajudam na preparação de refeições (36%) ou a tomar conta dos irmãos (27.5%). Existe ainda uma percentagem não desprezível (10%) de crianças que ajudam os pais nas respectivas profissões.

5.1.2 Caracterização da criança

Do total de crianças inquiridas, 49.1% são do sexo feminino e 50.1% do sexo masculino, sendo 15.5% negros, 5% ciganos, 0.7% provenientes de países de leste e 14.9% de outras etnias não especificadas.

Odivelas e Sintra são os concelhos com maior percentagem de ciganos, Loures e Amadora os concelhos com maior percentagem de negros. O concelho da Amadora apresenta também a maior percentagem de crianças de outras etnias logo seguido do concelho de Lisboa. Oeiras e Cascais são os concelhos com menor percentagem de crianças de quaisquer das etnias consideradas.

FIGURA 3

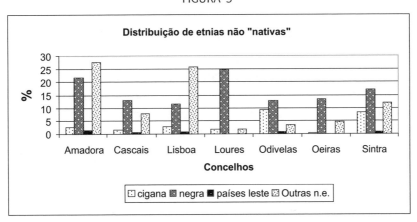

Das crianças na amostra 82.3% frequentaram um jardim de infância apresentando esta variável uma correlação positiva significativa com o grau de escolaridade da mãe. A correlação com o grau de escolaridade do pai embora exista não é tão forte.

A repartição dos inquiridos por anos de escolaridade é aproximadamente de 50% para cada ano de escolaridade considerado. Em geral, não reprovam (a moda do número de reprovações é 0 e a percentagem igual a 77.9). Os que já reprovaram 2 ou mais vezes constituem cerca de 6% da amostra e o seu peso é maior nos concelhos de Lisboa, Amadora e Loures.

FIGURA 4

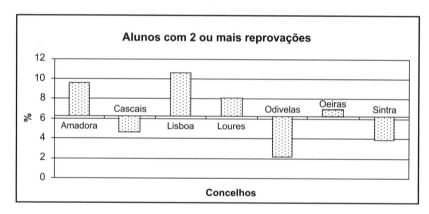

A quase totalidade das crianças, qualquer que seja o concelho, acham que os pais gostam que eles estudem (100%), gostam de aprender (99%) e da escola que frequentam (97.6%).

O espaço da escola preferido, considerado por 91.4% como suficiente para a brincadeira, é o recreio, embora a sala de aulas apareça em 2º lugar nas preferências em alguns concelhos (Lisboa, Cascais, Oeiras, Sintra) a par da biblioteca noutros concelhos (Loures).

O facto de algumas escolas estarem instalada em edifícios antigos explica, pelo menos em parte, a existência de 38.2% de crianças que dizem sentir frio nas salas de aulas.

Hábitos de boa higiene e saúde física parecem ter-se já instalado nos concelhos estudados. Com efeito, embora seja pouco frequente (39.3%) a ida ao medico por rotina, mesmo na ausência de doença, é já frequente a ida ao dentista (75.5%), a lavagem diária dos dentes (83.2%) e do corpo (a moda em qualquer dos concelhos é tomar 4 banhos semanais e a percentagem dos que tomam mais de 3 banhos por semana é superior a 75%). Mais uma vez a escolaridade, em particular da mãe, parece ser um dos factores que leva a uma importante mudança de mentalidades no que respeita a hábitos de saúde e higiene[15].

Em relação aos hábitos alimentares, a maioria (90%) das crianças toma um pequeno almoço "equilibrado" [16] (54.1%) e apenas 3% toma um pequeno almoço "rico"[17]. O pequeno almoço é tomado em casa (76.6%). O almoço é geralmente (64.9%) tomado fora de casa assim como o lanche (59.9%). O jantar é, tal como o pequeno almoço, tomado em casa (94.3%) e consiste, na maioria (67.1%) dos casos de carne/peixe/ovos com arroz/ /massa/batata. Apenas 12.1% comem uma refeição completa[18] e cerca de 6% comem apenas sopa+pão ou sopa+pão+fruta.

Quanto a hábitos de leitura, as crianças dividem-se fundamentalmente em dois grandes grupos, o que raramente lê (45.4%) e o que lê várias vezes por semana (46.4%). No entanto se considerarmos os que nunca lêem (8.3%) a triste realidade é que a maioria das crianças dos concelhos estudados não têm hábitos de leitura.

---

[15] Existe uma correlação significativa entre estas variáveis e o grau de escolaridade das mães em vários dos concelhos estudados.

[16] Leite+cereais/pão/bolacha.

[17] Fruta/sumo+ovos+ pão+leite.

[18] Sopa+Carne/Peixe/Ovos+ Arroz/Massa/Batata+ Fruta/doce

50 | Análise das condições de vida das crianças

Quase todas as crianças (97.6%) afirmam ter comida em casa quando tem fome bem como roupa suficiente para os proteger do frio (94.2%), embora 39.5% gostassem de vestir roupas melhores.

Elas gostam de viver no seu bairro (91.8%) e sentem-se felizes com a vida que têm (95.1%), sendo a correlação entre estas variáveis significativa em todos os concelhos o que aponta para que gostar do bairro onde vive seja um factor associado à felicidade da criança.

Consideram ainda, na sua maioria (80%), ter aí espaço suficiente para a brincadeira. Por ordem decrescente de frequência aparecem também como mais adequados à descrição do bairro onde vivem os adjectivos agradável (39,3%), alegre (13.4%), calmo ou seguro (11.3%) por um lado, e barulhento (14.2%), desagradável e inseguro (6.4 e 6.3%) ou triste (1.2%) por outro, o que parece indicar uma avaliação mais positiva que negativa do bairro onde residem por parte da maioria das crianças.

Estas crianças vivem em andares (68.5%), vivendas (19.2%), casas em bairros de realojamento (10.2%) ou barracas (2.1%), em geral, com 2 ou 3 quartos (84.8%) e tem um jardim perto de casa (56.6%). Em casa 18.2% têm computador, DVD, vídeo, câmara de filmar e telefones fixo e móvel, 16% só não têm câmara de filmar ou esta e DVD. Apenas 0.9% só têm telefones fixo e móvel. Confirmando números já conhecidos a percentagem de crianças com pelo menos um telemóvel em casa é de 93%.

Para se entreterem, possuem bolas(86.6%), bicicletas (70.2%), DVD(s) (67.7%), cassetes de video (67.3%), TV no quarto (63.5%), "playstation" (54.9%), jogos para computador (53.7%)[19] embora apenas 32.4% tenham computador. Jogos de

---

[19] Jogos electrónicos são os preferidos por aproximadamente 50% das crianças inquiridas.

construção como o lego e "game-boys" aparecem em menor percentagem talvez por já terem sido ultrapassados nas preferências das crianças[20]. "Skates" e patins são referenciados por, respectivamente, 23.5% e 33.3% das crianças, sendo mais comuns entre as crianças de Oeiras, Lisboa e Cascais.

Dormem num quarto (97.6%) sozinhas (62.2%) ou acompanhadas por irmãos (29.5%). Dos que tem irmãos só 33% dormem sozinhas. Apenas 8.9% partilham quarto com outros familiares e 0.9% com outras pessoas.

Um pouco mais de metade (57.1%) deitam-se entre as 20:30-22:00 horas e levantam-se entre as 7:00-8:30 (55%). Das crianças que se levantam entre as 6:00-7:00 (30.3%), a maioria deita-se cedo. As crianças que se deitam mais tarde (9.9%) levantam-se, em geral, após as 8:30. Uma correlação positiva entre os horários de deitar e levantar aponta para o seguimento da regra de deitar cedo e cedo erguer dá saúde e faz crescer.

De acordo com os dados, a frequência de ATL é de 41.8%, sendo que, em 46.6% dos casos ele funciona na escola. Fora do ATL estas crianças frequentam ainda actividades desportivas (38.1%), catequese (28.7%), inglês (12.2%) música (9.9%), escutismo (3.6%) e outras (10.1%).

Em período escolar é frequente (71.6%) as crianças saírem do seu bairro aos fins de semana e nas férias o destino mais presente é a praia (65.3%) seguido da província (25.8%) e do estrangeiro (11.6%). Chama-se a atenção para o facto de não sendo esta uma questão de resposta única, uma criança poder usufruir de mais de um dos destinos referidos. A percentagem dos que não saiem de casa nas férias é de 25.1%.

No que respeita a diversões, as saídas são para ir ao restaurante (43.7%), ao cinema (26%) e ao teatro/circo (18.4%)[21]. As

---

[20] Apenas cerca de 8% das crianças os apontam como jogos preferidos.

[21] A chamada de atenção feita no parágrafo anterior é também válida aqui.

visitas de índole pedagógica são por ordem decrescente de frequência ao Jardim Zoológico (74.5%), Parque das Nações (54.2%), Museus (43.3%) e Quinta Pedagógica (19.7%).

Constata-se que as crianças inquiridas, vem para a escola acompanhadas pelos pais, outros familiares ou outras pessoas (50.6% + 12.5% + 9%). Apenas 32.1% vão para a escola sozinhas ou acompanhadas por colegas. Os resultados para a vinda da escola são semelhantes sendo de notar, em relação à ida para a escola, a substituição dos pais por outras pessoas (43.3% contra 50.6% e 14.6% contra 9%), o que se deve muito provavelmente ao facto de os pais poderem ir pôr as crianças à escola de manhã mas não estarem disponíveis para as ir buscar à hora de saída.

Ao contrário do que é o senso comum a maioria vai/vem a pé da escola (54.1%, 57.4%). O carro (41.1%/34.4%) é o meio de transporte de um número significativo de crianças.

FIGURA 5

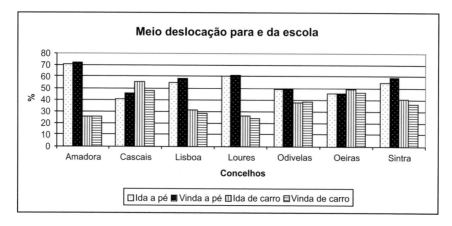

O transporte público só é utilizado por cerca de 8% das crianças e a carrinha da escola por ainda menos (3.4%).

Estas crianças brincam sobretudo em casa (40.1%), na escola (29%) ou na rua (21.5%). O local de brincadeira perto

Análise económico-social dos resultados do inquérito | 53

de casa é para 41% dos inquiridos a rua, em 80% dos casos a rua onde residem. A casa e o parque/jardim são ainda locais de brincadeira para, respectivamente, 27.5% e 19.9%.

5.2 Modelização dos resultados

No sentido de tentar explicar o bem-estar das crianças associado aos recursos económico-financeiros da família (um dos principais condicionantes das suas condições de vida, presentes e futuras) foi estimado um modelo econométrico que, por um lado, identifica as variáveis que distinguem as crianças carenciadas das não carenciadas[22] e, por outro lado, permite aferir a importância relativa de cada uma das referidas variáveis[23].

Em termos globais, o modelo estimado considera que as variáveis que permitem distinguir as crianças carenciadas das não carenciadas são:
- Sexo
- Origem / Etnia (países de leste, outros países e negros)
- Número de irmãos
- Nível de escolaridade dos pais
- Profissão dos pais

---

[22] Tendo em consideração os rendimentos e despesas do agregado, as escolas classificam as crianças como carenciadas / não carenciadas. Apesar da potencial imprecisão deste procedimento este constitui uma forma de acesso à informação relativa aos recursos económico-financeiros da família. Refira-se que a obtenção deste tipo de informação quer em termos de rendimento como de despesa, envolve sistematicamente alguma imprecisão e dificuldade de quantificação.

[23] O modelo estimado pertence à classe de modelos de escolha discreta tratando-se neste caso do modelo logit binomial. Apenas é apresentada a leitura interpretativa dos resultados obtidos uma vez que o desenvolvimento da metodologia subjacente à construção do modelo sai fora do âmbito desta publicação.

54 | Análise das condições de vida das crianças

- Percepção de dificuldades financeiras do agregado por parte da criança
- Número de carros próprios existentes no agregado
- Frequência de actividades extra-escolares
- Gosto pela escola
- Tipo e condições de habitação
- Posse de determinados bens de consumo generalizados
- Acompanhamento dos pais

Destas variáveis ressaltam mais importantes na distinção entre crianças carenciadas e não carenciadas as seguintes:

- Origem / Etnia (países de leste e negros)
- Número de irmãos
- Profissão dos pais (ou dos responsáveis pela criança)
- Percepção de dificuldades financeiras do agregado por parte da criança
- Gosto pela escola
- Tipo e condições da habitação

Analisem-se interpretativamente os resultados da estimação do modelo.

A modelização efectuada sublinha a importância dos elementos associados à origem ou etnia da criança como factores potenciadores da inclusão da mesma em famílias com escassos recursos financeiros. De acordo com os resultados obtidos as crianças originárias de países de leste e negras estão preferencialmente classificadas como carenciadas. Esta situação não é com certeza alheia, por um lado, às dificuldades de inserção económica e social dos seus pais e, por outro lado, às restrições de questões de carácter cultural nomeadamente o domínio falado e escrito da língua.

O número de irmãos é considerado no modelo como um importante factor de discriminação entre as crianças carenciadas e não carenciadas. Este resultado é sobejamente referido nos diversos estudos sobre a pobreza realizados em Portugal e, em particular, nos relativos à pobreza infantil. As famílias numerosas constituem uma tipologia particularmente vulnerável à pobreza quer pelo ciclo vicioso que o número excessivo de filhos estabelece com os recursos existentes na família como pela existência de uma certa "cultura da pobreza" que marca decisivamente o desenvolvimento cognitivo da criança e limita as suas oportunidades, alimentando / estimulando a transmissão intergeracional da pobreza.

O modelo salienta a profissão dos pais como um importante factor de distinção entre os dois grupos de crianças considerados. As crianças cujos pais têm profissões associadas a baixos níveis de qualificação (tais como: vendedores, cozinheiros, empregados de mesa, operadores de supermercado, operários, empregadas de limpeza, por exemplo) são preferencialmente consideradas como carenciadas.

Uma vez que a profissão está fortemente associada ao nível de escolaridade não poderíamos deixar de referir a importância deste como factor de distinção entre crianças carenciadas e não carenciadas. A análise descritiva dos resultados apresentada mostra que determinadas características das crianças, tais como: terem frequentado o jardim de infância, terem hábitos de higiene, e terem uma alimentação equilibrada está positivamente correlacionado com o nível de escolaridade dos pais e, em particular, com o nível de escolaridade da mãe.

A percepção que a criança tem dos constrangimentos financeiros da família constitui também um elemento de distinção entre os dois grupos. De facto as crianças que consideram que existem tais constrangimentos no seu agregado são normalmente carenciadas. Esta percepção resultará fundamentalmente do discurso corrente na família uma vez que, paradoxalmente, estas crianças não se queixam de ter fome, apesar de só uma pequena parcela ter geralmente uma refeição completa ao jantar, indiciando potenciais problemas ao nível da dieta alimentar seguida.

Finalmente, o tipo de habitação e as condições da mesma, nomeadamente o facto da criança ter um quarto para dormir, constituem também factores significativos de distinção entre

56 | Análise das condições de vida das crianças

crianças carenciadas e não carenciadas. Viver em habitat degradado, isto é em bairro de realojamento, casa velha ou barraca é, tal como seria de esperar, fundamentalmente uma característica das crianças pobres. As condições de habitação constituem uma das características específicas da privação em Portugal, condicionando quer o bem-estar presente da criança como a sua inserção social uma vez que a vivência neste tipo de bairros tem um carácter estigmatizante. Note-se contudo que mais de 90% das crianças inquiridas diz gostar de viver no bairro onde reside e sentir-se feliz.

5.3 Avaliação do nível de privação

A avaliação do nível de privação vai ter por base os valores da média e da médiana do Índice de Privação tal como definido no ponto 4.4. que constam do quadro seguinte;

QUADRO 9: **Índice de Privação**

	Média	Mediana	% crianças no intervalo [3,7]
Índice de Privação	2.76	2	47.1

Estes valores apontam para um baixo nível de privação das crianças inquiridas no âmbito deste estudo. Esta conclusão é tanto mais clara quanto se tiver em conta que, de acordo com a metodologia e variáveis seleccionadas referidas no ponto 4.4., o índice pode atingir um valor máximo de 12.

Se se olhar para os valores da percentagem de crianças com um índice de privação no intervalo [3, 7], intervalo que agrega valores centrais de privação, constata-se, no entanto, que 47,1 % das crianças na amostra apresentam um índice de privação nesse intervalo o que aponta para a existência de um número considerável de crianças com um nível de privação acima da média.

Análise económico-social dos resultados do inquérito | 57

Os valores no quadro 10 permitem afirmar que as áreas que abrangem as características do agregado familiar e a saúde são as que mais contribuem para o Índice de Privação. Uma análise das variáveis seleccionadas em cada uma destas áreas aponta como principais factores de privação no domínio do agregado familiar respectivamente, o número de irmãos e os níveis de escolaridade de pai e mãe, na área do Agregado Familiar, e a consulta de médico apenas em caso de doença, na área da Saúde.

QUADRO 10: **Contribuição de cada área para índice de privação (em proporção)**

Índice de Privação	Agregado familiar	Escolaridade	Saúde	Habitação	Inserção social
Proporção	0.55	0.05	0.23	0.16	0.05

As áreas da Escolaridade e Inserção Social são as que menos pesam no Índice de Privação. No que respeita à Escolaridade, na amostra, apenas 1.4% das crianças reprova mais de 2 anos no ensino básico e 12.4% não tem qualquer ajuda na realização dos trabalhos para casa. Na área de Inserção Social, todas as crianças inquiridas têm, fora do ATL, alguma das actividades consideradas no inquérito e apenas 14.7% delas não goza férias fora de casa.

Na área da habitação, as carências estão mais relacionadas com a quantidade de equipamentos electrodomésticos e outros existentes na habitação que com a degradação da mesma. Com efeito, 31.7% das crianças na amostra vivem em habitações onde existem menos de 4 dos equipamentos considerados no inquérito, mas apenas 12.3% vivem em habitações consideradas degradadas.

Para efeitos de análise de consistência dos resultados obtidos através da avaliação do nível de privação com a classificação de carenciado registada no inquérito, procurou-se obter a frequência, na amostra, de casos em que a classificação de carenciado e não carenciado corresponde a uma situação de

58 | Análise das condições de vida das crianças

privação[24] ou não, bem como a de erros na classificação do inquérito tomando por base o índice de privação calculado. Nesta perspectiva são considerados dois tipos de erros: tipo 1, quando uma criança com índice de privação superior à mediana é considerada como não carenciada e tipo 2, quando uma criança com índice de privação inferior ou igual à mediana é considerada como carenciada. Os resultados desta análise constam do quadro 11:

QUADRO 11: **Probreza monetária vs privação**

	Privado e carenciado	Privado e não carenciado	Não privado e carenciado	Não privado e não carenciado
% crianças	26.3	22.2	3.1	48.4

Embora a percentagem de crianças correctamente classificadas seja elevada (74.7%), parece claro existir um desajustamento na classificação da criança como carenciada que leva a uma percentagem de erros de aproximadamente 25%. Este facto é sobretudo grave quando se constata que a percentagem de crianças mal classificadas afecta sobretudo as crianças em estado de privação, isto é, que o erro de tipo 1 é substancialmente mais frequente que o erro tipo 2.

A avaliação do nível de privação corrobora e reforça as conclusões retiradas dos resultados da estimação do modelo Logit apresentados no ponto 5.2. Tal como se verificou em termos da variável rendimento, também desta avaliação se conclui que o número de irmãos, o nível de escolaridade do pai e da mãe, a existência de cuidados de saúde regulares e as condições da habitação são factores relevantes para a condição de privação da criança.

---

[24] Considerou-se para efeitos da análise aqui realizada que uma criança está em situação de privação se apresenta um índice de privação superior à médiana obtida para o conjunto da amostra.

Um estudo das correlações entre o índice de privação e variáveis como a percepção de dificuldades financeiras na família, a frequência de banho ou a criança dormir sozinha / com irmãos mostra existir uma correlação significativa entre estas variáveis e o índice de privação.

5.4 Resultados por concelho

Neste ponto procederemos a uma análise dos resultados por concelho, tendo por medida de comparação os resultados globais[25] apresentados no ponto anterior e o enquadramento socio-económico, da zona em estudo. Serão em cada concelho realçados, sobretudo, os aspectos em que a situação se afaste do panorama global descrito no ponto anterior.

Igualmente daremos aqui conta dos resultados por concelho da avaliação do nível de privação. Começaremos por uma exposição dos resultados do Índice de Privação e incluiremos nos sub-pontos seguintes a identificação em cada concelho das áreas de maior carência.

Uma análise dos valores do Índice de Privação por concelho pode ser feita com base na comparação da média e médiana do índice nos vários concelhos do distrito de Lisboa que se apresentam no quadro seguinte:

QUADRO 12: **Índice de privação por concelho**

Índice Privação	Amadora	Cascais	Lisboa	Loures	Odivelas	Oeiras	Sintra
Média	3.19	3.08	3.15	3.07	2.81	1.99	2.39
Mediana	3	3	3	3	3	2	2

---

[25] As frequências apuradas para os resultados globais aparecem a negrito.

60 | Análise das condições de vida das crianças

Com base nos valores da mediana do índice por concelho é possível distinguir dois grandes grupos: Amadora, Cascais, Lisboa, Loures e Odivelas por um lado e Oeiras e Sintra por outro. Contudo, uma análise dos valores da média permite afinar este primeiro esboço do mapa de privação do distrito de Lisboa. Dessa análise ressalta que no primeiro grupo, a Amadora é o concelho com mais elevado nível de privação, a que se seguem com valores decrescentes de nível de privação os concelhos de Lisboa, Cascais e Loures. É também claro que Oeiras tem um nível de privação substancialmente inferior ao de Sintra, sendo o concelho que apresenta o menor valor para o índice de privação na zona.

Tentando tornar mais evidentes as diferenças entre os concelhos em relação ao respectivo nível de privação, calcularam-se as percentagens de crianças com valores do índice de privação no intervalo [3, 7] que constam do quadro 13.

QUADRO 13: **% de crianças com Índice de Privação no intervalo [3,7]**

	Amadora	Cascais	Lisboa	Loures	Odivelas	Oeiras	Sintra
%	54.3	51.7	51.7	60	51.9	26.4	41.7

Estes valores permitem apontar os concelhos da Amadora e Loures como os que registam um mais elevado nível de privação. Permitem ainda realçar as diferenças entre os concelhos de Oeiras e Sintra que a comparação com base na mediana e média esbatiam.

Uma análise por domínios de privação permite-nos evidenciar a posição relativa dos diferentes concelhos nas domínios considerados.

Análise económico-social dos resultados do inquérito | 61

FIGURA 6

FIGURA 7

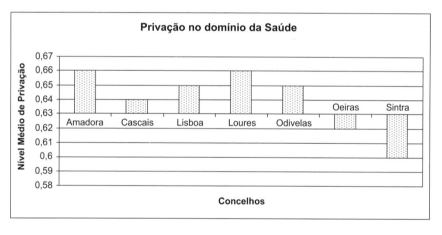

As figuras 6, 7 e 8 põem em evidência que tal como para o índice global, também nos domínios do agregado familiar, da saúde e da habitação, os concelhos se dividem, quanto à privação, em dois grupos distintos, aparecendo os concelhos da Amadora e de Oeiras, respectivamente, como aqueles onde se regista maior e menor nível de privação, de notar, no entanto, que as diferenças entre os níveis de privação entre concelhos são maiores no domínio do agregado familiar do que nos domínios da saúde e da habitação. Com efeito, os níveis de privação por concelho são, nestes domínios, muito próximos nos vários concelhos.

FIGURA 8

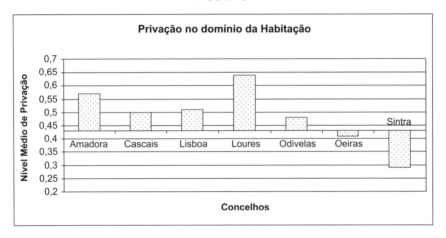

No domínio da escolaridade, como mostra a figura 9, o mapa do nível de privação é diferente do apresentado para os domínios anteriores. Cascais apresenta um nível de privação superior ao da Amadora, Loures aparece no grupo dos concelhos com menor nível de privação e Sintra apresenta um nível de privação inferior ao de Oeiras.

FIGURA 9

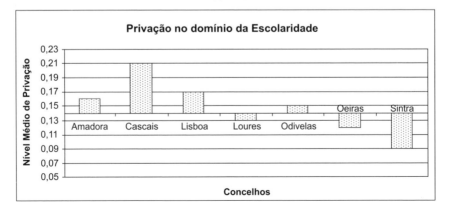

FIGURA 10

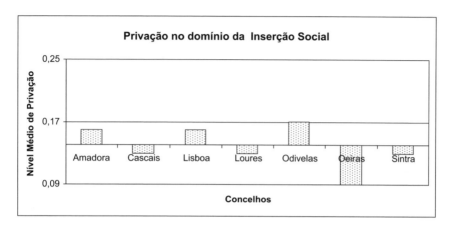

Em primeiro lugar chama-se a atenção para os valores muito baixos, em qualquer dos concelhos em análise, do nível de privação no domínio da inserção social. Tal indica que mesmo nos concelhos onde as crianças sofrem mais elevados níveis de privação em outras áreas, elas se encontram socialmente integradas. Também neste domínio, tal como no anterior, Loures passa para o grupo dos concelhos com menor nível de privação e Cascais consegue igualmente juntar-se a este grupo.

5.4.1. *Amadora*

Este concelho apresenta uma percentagem superior de crianças a viver com outras pessoas (8.7/**4.7**) a que não deve ser estranho o peso de famílias monoparentais (18,9%) e existência de famílias mais numerosas (16.1% com 4 ou mais filhos).

FIGURA 11

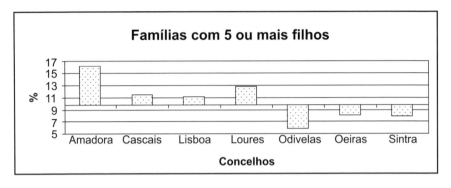

Dado o peso dos que já reprovaram 2 ou mais vezes não é de admirar que existam proporcionalmente mais crianças com idades compreendidas entre os 11 e 14 anos (14.8%/**9.5%**).

Os níveis de escolaridade tanto do pai como da mãe são dos mais baixos, a percentagem dos que não sabem ler/escrever é o dobro da média, tendo 28.7%(**20.2%**) das mães e 27.8%(**19.2%**) dos pais apenas o primeiro ciclo do ensino básico.

FIGURA 12

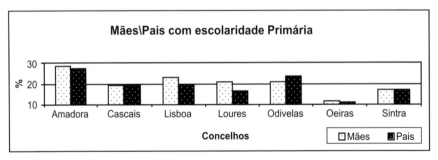

Os pais são também menos qualificados profissionalmente, apresentando este concelho a maior percentagem de não qualificados entre as mães (37.6%/**27.9%**) e entre os pais (41.1%/ **25.3%**).

FIGURA 13

FIGURA 14

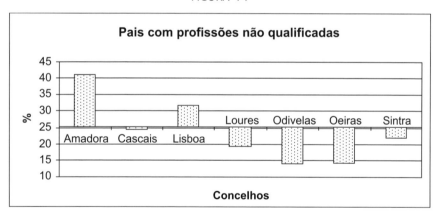

Em relação à situação no mercado do trabalho, a percentagem de mães sem emprego é ligeiramente superior à média (18.3/**16**) mas existe uma maior percentagem de pais sem emprego (13.4/**9.2**) correspondendo à elevada taxa de desemprego registada neste concelho. É significativa a correlação negativa entre a escolaridade/qualificação das profissões e a situação no mercado do trabalho tanto para as mães como para os pais. A percentagem de pais/mães, com baixo grau de escolaridade e profissões menos qualificadas, sem emprego é mais elevada

66 | Análise das condições de vida das crianças

que a dos que tem graus mais elevados de escolaridade e qualificação profissional.

No que concerne às dificuldades financeiras do agregado familiar, a percentagem de crianças que afirmam senti-las é inferior à registada para o conjunto da amostra (44.6%/**45.8%**) e a situação de carência foi detectada em 35.6%(**34.8%**) das crianças, uma percentagem ligeiramente acima da média o que não deixa de ser estranho se se tiver em conta a caracterização económica e social do concelho.

Na realização de tarefas caseiras, este concelho apresenta o valor mais elevado para a proporção de crianças que dizem tomar conta dos irmãos (33.2%) o que está certamente associado às características dos agregados familiares já mencionadas.

No que se refere ao percurso escolar, uma percentagem menor (75.8%/**82.3%**) de crianças frequentou um jardim de infância e nunca reprovou (70.3%/**77.9%**). A percentagem dos que reprovaram duas ou mais vezes é de 9.6% (**6.3%**). Para além do recreio, a sala de aula (26.8%) e a biblioteca (25.7%) são os espaços da escola preferidos pelas crianças.

Á semelhança de outros concelhos, a maioria das crianças só vai ao médico quando está doente (62.8%/**60.7%**), já foi ao dentista (77.3%/**75.5%**) e lava diariamente os dentes (87.1%/**83.2%**), mas a percentagem de crianças que apenas toma um banho por semana apresenta o valor mais elevado (10.4%/**7%**) da região.

As crianças tomam o pequeno almoço e o almoço fora de casa na mesma proporção da amostra global mas é menor a proporção dos que lancham e jantam fora de casa. A percentagem de crianças que tomam um pequeno almoço equilibrado está acima da média (54.67%/**54.1%**) embora exista, entre estas, um maior número de crianças a comer pão do que cereais. Pelo contrário, a percentagem de crianças que come uma refeição completa ao jantar é menor que a média (9.7%/**12.1%**). Entre os concelhos cobertos pelo estudo, este apresenta o valor mais elevado para a percentagem de crianças que não tem comida em casa quando tem fome, embora esta percentagem seja reduzida (3%).

É também neste concelho que se regista uma das maiores percentagens de crianças que gostariam de vestir roupas melhores (43.5%) embora o número de crianças que acham não ter roupa suficiente para os proteger do frio seja o mais baixo (4.7%) da região da Grande Lisboa.

As crianças que afirmam não gostar de viver no seu bairro e não ser felizes com a vida que tem são em proporção superior à média (12.1%/**8.2%** e 6.7%/**4.9%**) o que encontra justificação na percentagem que classifica o seu bairro como barulhento (18.4%/**14.2%**) e inseguro (10.6%/**6.3%**) ou que referem não existir um jardim perto de casa (49%/**56.6%**).

Um número consideravelmente maior, em relação à média da região, vive em barracas (8.4%/**2.1%**).

FIGURA 15

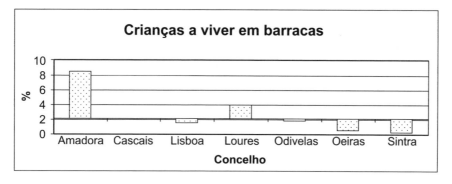

As habitações onde residem tem, em geral, 2 quartos e estão menos bem equipadas que em qualquer dos restantes concelhos. Apenas o número de crianças com telemóvel está ligeiramente acima da média (94.3%/**93%**), em todos os outros itens considerados apresenta dos valores mais baixos [vídeo (74.2%/**77.7%**), câmara de filmar (32.8%/**35.4%**), DVD (78.7%/**82.4%**), computador (59.3%/**67.3%**), telefone fixo (50.7%/**54.3%**)] da amostra, embora tal não signifique, como os valores apresentados mostram, uma carência grave dos equipamentos considerados.

68 | Análise das condições de vida das crianças

Para se entreterem, uma menor percentagem de crianças, em relação à média, possui, bicicletas (65.5%/**70.2%**), cassetes de video (64.7%/**67.3%**), "playstation" (51.7%/**54.9%**), mas um maior número possui computador (36.8%/**32.4%**), TV no quarto (67.7%/**63.5%**), telemóveis (64.7%/**58.2%**).

Estes resultados, apesar de serem os mais baixos da Grande Lisboa, são, na nossa opinião, melhores do que seria de esperar tendo em conta o facto de ser este o concelho com uma presença mais significativa da pobreza e exclusão social.

Estas crianças dormem com os irmãos (38.5%/**29.5%**) ou com outros familiares (14.5%/**8.9%**). Deitam-se e levantam-se como a média das crianças da região embora se note uma proporção ligeiramente superior de crianças que se deitam após as 23:30 (10.5%/**9.9%**).

Frequentam o ATL 33.9%(**41.8%**) das crianças, sendo que em 21.4%(**46.6%**) dos casos o ATL é na escola. Os que vão logo para casa no fim da escola são 67.2%(**62.7%**). Fora do ATL estas crianças frequentam ainda actividades desportivas (34%/**38.1%**), inglês (6.7%/**12.2%**), música (11.7%/**9.9%**).

Ao contrário do que seria de esperar, é maior do que a média a proporção de crianças que lêem várias vezes por semana (47.6%/**45.4%**).

Em período escolar, as crianças saiem proporcionalmente mais do seu bairro aos fins de semana (74.3%/**71.6%**) e nas férias o destino da maioria delas é a praia (67.2%/**65.3%**), seguido da província (23.8%/**25.8%**) e do estrangeiro (12.3%/**11.6%**). A percentagem dos que não saiem de casa nas férias é de 27.2%(**25.1%**).

No que respeita a diversões, tanto as saídas como as visitas pedagógicas são usufruídas por uma percentagem inferior de crianças. [ida ao restaurante (40.7%/**43.7%**), ao cinema (18.5%/ **26%**) e ao teatro/circo (12.7%/**18.4%**); Jardim Zoológico (70.2%/ **74.5%**), Parque das Nações (53%/**54.2%**), Museus (27.5%/ **43.3%**)]

Em relação à independência de mobilidade constata-se que as crianças da Amadora vão, em maior número, para a escola sozinhas (31.5%/**25.7%**), com outros familiares (16.7%/**12.5%**), com colegas (9.2%/**6.4%**) ou com outras pessoas (11%/**9%**) e vem igualmente sozinhas (41.8%/**30.6%**).

FIGURA 16

Deslocam-se, a pé (cerca de 70%/**55%**) tanto à ida como à vinda, embora 26%(**25.2%**) utilizem o carro.

As crianças da Amadora brincam sobretudo em casa 36.1%(**40.1%**), no recreio da escola 32.9%(**29%**) ou na rua 24.3%(**21.5%**). O local de brincadeira perto de casa é para 43.8%(**41%**) dos inquiridos a rua. O parque/jardim é também para 17.5%(**19.9%**) local de brincadeira.

Face ao panorama descrito não é de admirar, como mostra a figura 12, que este concelho apresente um nível de privação superior ao observado na região. Como se vê na figura a percentagem de crianças com níveis mais elevados de privação é superior na Amadora em relação aos valores para o conjunto da amostra.

70 | Análise das condições de vida das crianças

FIGURA 17

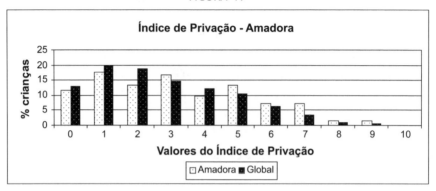

Este nível de privação resulta, em grande parte das características do agregado familiar, famílias com muitos filhos, baixo nível de escolaridade de pai e mãe, elevada percentagem de crianças carenciadas que fazem com que, tal como para o índice global, também no domínio do agregado familiar, o concelho da Amadora registe um elevado nível de privação quando comparado com o valor para o conjunto da amostra[26]. A figura 18 é reveladora de que a percentagem de crianças com um Índice de Privação igual a 3 e 4 são também superiores.

FIGURA 18

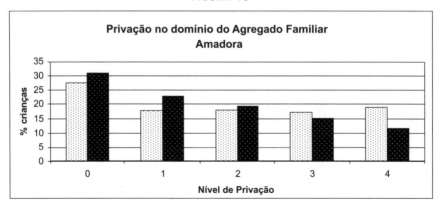

---

[26] Ver figura 6

A área da Saúde é outra em que o nível de privação das crianças da Amadora é superior ao nível obtido para a amostra[27].

5.4.2 Cascais

Apresenta uma percentagem superior à média de agregados com 2 filhos (48.8%/**44.8%**) e de crianças a viver com mãe e padrasto (9.1%/**5.9%**).

FIGURA 19

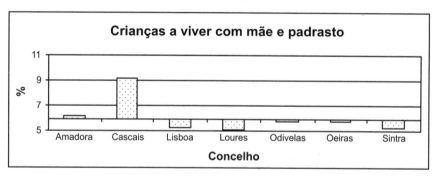

A distribuição do grau de escolaridade das mães e pais das crianças segue de perto a distribuição da mesma variável para a região da Grande Lisboa. Os pais que possuem o ciclo preparatório são em maior número que a média da região (16.6%/**13.7%**). Profissionalmente a percentagem de mães não qualificadas está acima da média (32.2%/**27.9%**), mas existe uma considerável percentagem em serviços administrativos (11.2%) e técnicas profissionais de nível intermédio (10%). Os pais distribuem-se pelas profissões aproximadamente como na região estudada mas apresentando uma maior percentagem de operários (25.1%/**21.7%**).

Comparando estes valores com os fornecidos pelo INE que dão uma percentagem de 25% da população com ensino supe-

---

[27] Ver figura 7

72 | Análise das condições de vida das crianças

rior e a composição profissional no concelho é de concluir que os filhos de pais com mais elevados graus de escolaridade e em profissões de topo não andam nas escolas públicas. Tal facto pode também explicar, em parte, a percentagem de crianças carenciadas no concelho.

A percentagem de mães e pais sem emprego é aproximadamente igual à média. Para as mães, não existe uma correlação significativa entre a escolaridade e a situação no mercado do trabalho, verificando-se um ligeiro aumento da percentagem de mulheres sem emprego nos graus mais elevados de escolaridade.

A percentagem de crianças que afirmam sentir dificuldades financeiras no agregado familiar é semelhante à registada para o conjunto da amostra. Tal como para os outros concelhos as dificuldades são mais sentidas em agregados familiares em que o pai e/ou a mãe tem um menor grau de escolaridade e profissões menos qualificadas.

É grande a percentagem de crianças que ajuda na preparação de refeições (50.5%/**36%**) e é superior à média a percentagem das que ajudam a tomar conta dos irmãos (32.6%/**27.5%**) e ajudam os pais na sua profissão (15.5%/**10%**). Este último facto está provavelmente relacionado com o peso da indústria de restauração neste concelho.

A percentagem de crianças que frequentou um jardim de infância (81.9%/**82.3%**) está próxima da média da região e a das que nunca reprovou (79.3%/**77.9%**) ligeiramente acima. A percentagem dos que reprovaram duas ou mais vezes é de 4.6% (**6.3%**). Para além do recreio (55.7%), a sala de aula (29.3%) e a biblioteca (14.3%) são os espaços da escola preferidos pelas crianças.

Tal como em outros concelhos a maioria das crianças só vai ao médico quando está doente (61.9%/**60.7%**), já foi ao dentista (71.8%/**75.5%**), lava diariamente os dentes (90%/**83.2%**). Pelo contrário, aqui, a maioria das crianças toma banho todos os dias (60.4%/**45%**).

FIGURA 20

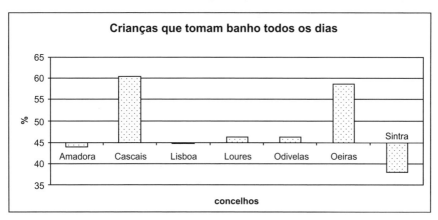

Quanto aos hábitos alimentares, a percentagem de crianças que tomam o pequeno almoço (13.8%/**10%**), almoço (68.7%/**64.9%**) e jantar (9.4%/**5.7%**) fora de casa é superior à média. O pequeno almoço é equilibrado para 54.3% (**54.1%**) das crianças, existindo contudo crianças que não comem nada (6.4%/**4.5%**). Ovos e fruta ao pequeno almoço aparecem com maior frequência (1.5%/**0.8%** e 8.3%/**4.4%** respectivamente). Pelo contrário, a percentagem de crianças que come uma refeição completa ao jantar é menor que a média (8.1%/**12.1%**).

Cascais apresenta a maior taxa de crianças carenciadas na região (45.5%) o que parece indicar, tendo em conta outros parâmetros dos dois concelhos, a utilização de diferentes critérios de classificação na Amadora e neste concelho.

É interessante verificar que a percentagem de crianças que afirmam não ser felizes com a vida que tem assume o mesmo valor registado para o concelho da Amadora (6.7%/**4.9%**) apesar de a quase totalidade gostar de viver no seu bairro (92.4%) que classificam como agradável (41%), alegre (14.3%) e calmo (12.2%).

As habitações onde residem são moradias (37.8%/**19.2%**) ou andares (43.4%) tem, em geral, 2 quartos (42.5%) mas a percentagem das que tem 4 quartos é superior à registada para

74 | Análise das condições de vida das crianças

a região (12.2%/**9.9%**). Estão bem equipadas possuindo vídeo (74.2%/**77.7%**), computador (71.3%/**67.3%**), telefone fixo (50.6%/**54.3%**) bem como os restantes bens de equipamento considerados em percentagens próximas das observadas para a Grande Lisboa.

Para se entreterem, um menor número de crianças, em relação à média, possui, TV no quarto (60.0%/**63.5%**), vídeo (39.4%/**46%)**, cassetes de video (63%/**67.3%**), "playstation" (53%/**54.9%**), DVD(s) (59.9%/**67.7%**), jogos de computador (49.7% /**53.7%)** mas um maior número possui computador (35%/**32.4%**), "gameboy" (49% /**47.9%**), patins (40.3%/**33.3%)** e "skates" (27.6%/**23.5%**).

Uma maior percentagem de crianças, que em outros concelhos, dorme sozinha mesmo quando tem irmãos (68%, 65% e 40.5% respectivamente com 1, 2 e 3 irmãos). Apenas dormem com os irmãos 23.8% (**29.5%**) das crianças. Uma percentagem significativa deita-se após as 23:30 (13.5%/**9.9%**) apesar de se levantar cedo (40.7%/**30.3%**). Contudo 63.3% das crianças que se levantam entre as 6:00-7:00 deitam-se entre as 20:30-22:00.

Frequentam o ATL 46.9%(**41.8%**) das crianças, sendo que em 38.3%(**46.6%**) dos casos o ATL é fora da escola. Fora do ATL estas crianças frequentam ainda actividades desportivas (46.4%/**38.1%**), catequese (26.5%/**28.7%**), música (11.4%/**9.9%**), inglês (6.7%/**11.2%**) e outras (17.5%/**10.1%**).

As crianças de Cascais lêem várias vezes por semana (49.8%/**45.4%**).

Em período escolar menos crianças saiem do seu bairro aos fins de semana (68.8%/**71.6%**) e nas férias a maioria vai à praia (68.3%/**65.3%**), à província (16%/**25.8%**) ou ao estrangeiro (14.9%/**11.6%**). A percentagem dos que não saiem de casa nas férias é de 28.5%(**25.1%**).

As saídas são usufruídas por uma percentagem superior à média de crianças [ida ao restaurante (45%/**43.7%**), ao cinema (36.1%/**26%**) e ao teatro/circo (24.1%/**18.4%**)]. No que se refere a visitas pedagógicas, os Museus (27.5%/**43.3%**) são visitados por proporcionalmente mais crianças que a média da região. O Jardim Zoológico (73%/**74.5%**), o Parque das Nações (42.7%/ **54.2%**) e a Quinta pedagógica (16.2%/**19.7%**) por menos.

Constata-se que as crianças de Cascais vão e vêm, em menor proporção, para e da escola sozinhas (21.2%/**25.7%**; 26.9%/ **30.6%**), sendo na maior parte dos casos acompanhadas pelos pais (60.6%/**50.6%**; 43.3%/**30.6%**). Nas suas deslocações para e da escola utilizam sobretudo o carro (55.1%/**37.7%**; 47.5%/ **34.4%**). Apenas cerca de 5% utilizam o transporte público e um pouco mais de 40% vão a pé.

Em Cascais, as crianças brincam sobretudo em casa 39.3%(**40.1%**), no recreio da escola 28.2%(**29%**) ou na rua 23%(**21.5%**). O local de brincadeira perto de casa é para 47.9%(**41%**) dos inquiridos a rua. Dentro de casa brincam 31.1%(**27.5%**).

Como acima foi por várias vezes referido, o concelho de Cascais, apresenta índices de privação que são de algum modo surpreendentes se não se tiver em conta que, possivelmente, os filhos de pais mais qualificados e com melhores condições financeiras não foram apanhados pela amostra por não frequentarem estabelecimentos de ensino públicos.

Como mostra a figura 21, a percentagem de crianças com um nível de privação igual ou superior a 2 é sempre maior que a observada na amostra global.

FIGURA 21

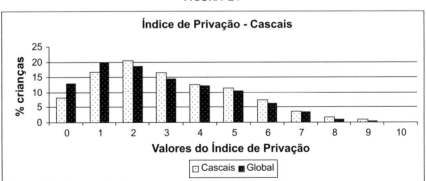

Não deixa de ser igualmente inesperado que seja o domínio da Escolaridade aquele em que a privação é maior quer dentro do concelho [Figura 22] quer inter-concelhos [Figura 9].

FIGURA 22

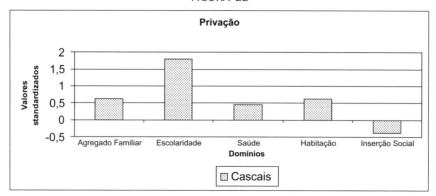

Tal situação encontra explicação no facto de a percentagem de crianças que não tem qualquer ajuda na realização dos trabalhos para casa ser neste concelho mais elevada que em qualquer um dos outros concelhos estudados, como se pode ver na figura seguinte.

FIGURA 23

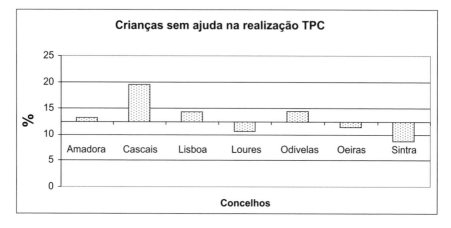

5.4.3 Lisboa

Este concelho apresenta, a mais elevada percentagem (25.7%) de crianças de outras etnias que não a cigana, negra ou de países de leste para as quais apresenta valores inferiores aos da Grande Lisboa.

FIGURA 24

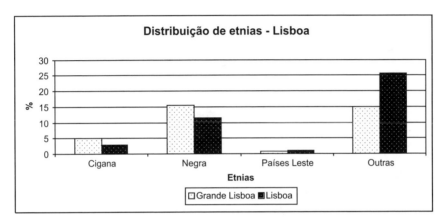

Em relação às características do agregado familiar apresenta uma percentagem superior de crianças a viver em regime de monoparentalidade masculina (2.8/**1.7**) e com outros familiares (6.3%/**4.7%**). Os agregados familiares mais numerosos são também em maior proporção (14.3%/**9.9%** com 4 ou mais filhos).

A escolaridade das mães/pais é caracterizada por uma maior percentagem do que a média dos que não sabem ler/escrever ou com escolaridade primária (26%/**22.4%**; 21.4%/**20.3%**) e com o ensino superior (12.9%/**11.5%**; 11.8%/**9.6%**). Note-se que a diferença para a média indica, em ambos os casos, uma menor escolaridade das mães.

As mães são especialistas em profissões intelectuais e científicas (8.5%/**6.4%**), técnicas de nível intermédio (10.2/**8.8%**), administrativas (11.8%/**13.4.%**), profissionais dos serviços (18.9%/**22.3%**), profissionais não qualificadas (31.9%/**27.9%**). Os pais são especialistas em profissões intelectuais e científicas

(11.1%/**7.3%**)[28], técnicos de nível intermédio (12.4%/**11.7%**), profissionais dos serviços (20.7%/**18.9%**), operários (14.1%/**21.7%**) e profissionais não qualificados (31.6%/**25.2%**).

FIGURA 25

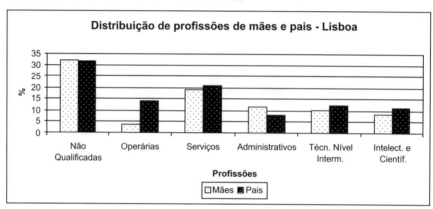

A percentagem de mães sem emprego é muito próxima da média (15.2/**16**) mas existe uma maior percentagem de pais sem emprego (12.1/**9.2**). Também neste concelho é válida a relação entre a escolaridade e a situação no mercado do trabalho tanto para as mães como para os pais.

Tal como Cascais, o concelho de Lisboa tem uma das mais elevadas taxas de crianças carenciadas (45.5%).

Frequentaram um jardim de infância 84.8%(**82.3%**) das crianças. As que nunca reprovaram correspondem a 73.4% (**77.9%**) das crianças inquiridas no concelho. A percentagem dos que reprovaram duas ou mais vezes (10.6% /**6.3%**) é a mais elevada da Grande Lisboa.

Uma percentagem superior à média (40.1%/**38.2%**) sente frio na sala de aula o que pode ter a ver com o facto de, neste concelho, muitas das escolas funcionarem em edifícios antigos.

---

[28] Será que só 11% da população masculina tem profissões intelectuais e científicas ou será que os filhos de pais com profissões mais qualificadas não andam nas escolas públicas?

As crianças que tomam pequeno almoço e almoço fora de casa são em maior percentagem que a média (12.7%/**10.1%**; 68.8%/**64.9%**) mas as que lancham e jantam fora de casa estão na média. Quanto aos hábitos alimentares, a percentagem de crianças que tomam um pequeno almoço equilibrado e jantar completo está acima da média (55.6%/**54.1%**; 13.9%/**12.1%**). A percentagem de crianças que não tem comida em casa quando tem fome é de apenas 2%.

Lisboa regista uma percentagem de crianças que gostariam de vestir roupas melhores semelhante à da Amadora (43.6%) mas um valor entre os mais elevados da região para o número de crianças que acham não ter roupa suficiente para os proteger do frio (6.2%).

FIGURA 26

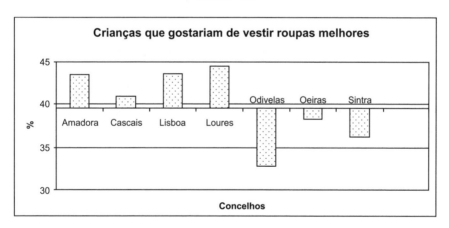

As crianças que afirmam não gostar de viver no seu bairro e não ser felizes com a vida que tem são em número semelhante à média (8.5%/**8.2%** e 4.4%/**4.9%**). Elas escolheram como adjectivos para descrever o seu bairro, agradável (36.3%/**39.3%**), alegre (13.9%/**13.4%**), calmo (10.8%/**11.3%**) e seguro (10.4%/**11.3%**), embora barulhento (17%/**14.2%**).

Uma proporção consideravelmente maior de crianças, em relação à média da região, vive em andares (76.1%/**68.5%**), e o

80 | Análise das condições de vida das crianças

segundo grande tipo de habitações é o das casas em bairros de realojamento (15.2%/**10.2%**). As habitações têm, em geral, 3 quartos (45.8%/**39.6%**), estando 91.5% delas equipadas com todos os itens considerados excepto, em alguns casos, câmara de filmar. Apenas 3.1% só tem telemóvel e telefone fixo.

Para se entreter, a proporção das crianças que possuem TV no quarto (67.7% /**63.5%**), "playstation" (54.6%/**54.9%**), DVD(s) (67.2%/67.7%), jogos para computador (53.4%/**53.7%**) está muito próxima da média, mas é maior o número dos que possuem "gameboy" (50.2%/**47.9%**), computador (35.7%/**32.4%**), patins (35.9%/**33.3%**), "skates" (25%/**23.5%**) e lego (48.8%/**46.5%**).

As crianças dormem sozinhas (69.8%/**62.2%**) mesmo que tenham irmãos, embora a proporção destas últimas decresça com o número de irmãos. Deitam-se maioritariamente entre as 20:00-22:00 (56.1%) embora uma percentagem superior à média se deite mais tarde[29] e levantam-se, como a média das crianças da região.

Frequentam o ATL 52.2%(**41.8%**) das crianças, sendo que em 59.6%(**46.6%**) dos casos o ATL é na escola. Os que vão logo para casa no fim da escola são 58%(**62.7%**). Fora do ATL estas crianças frequentam ainda actividades desportivas (39.7%/ /**38.1%**), inglês (9.9%/**12.2%**), música (12%/**9.9%**) ou outras (9.9%/**10.1%**).

É maior do que a média a proporção de crianças que lêem raramente (46.8%/**45.4%**) e a menor da região estudada o das que lêem várias vezes por semana (43.2%/**46.4%**).

Em período escolar é inferior à média (66.9%/**71.6%**) o número de crianças que saiem do seu bairro aos fins de semana e nas férias o seu principal destino é a praia (61.4%/**65.3%**), seguido da província (28.9%/**25.8%**) e do estrangeiro (9.8%/ **11.6%**). A percentagem dos que não saiem de casa nas férias é de 22.9%(**25.1%**).

---

[29] Entre as 22:00-23:30.

No que respeita a diversões, cerca de 30%(**26%**) das crianças vão ao cinema e cerca de 18% (**18,4%**)ao teatro. As saídas de teor mais pedagógico tem como destino sobretudo o Jardim Zoológico (81,5%/**74,5%**), mas também o Parque das Nações (61%/**54.2%**) e Museus (48.5%/**43.3%**).

Deslocam-se para (54%/**50%**) e da escola (46.1%/**43.3%**) com os pais a pé [55%/**54%** à ida e 59%/**57.4%** à volta]. O transporte em carro é o segundo mais frequente (utilizado por um pouco mais de 30%) mas, o transporte público é também utilizado quer na ida (16.3%/**8%**) quer na vinda (15.2%/**7.7%**) por uma percentagem considerável de crianças.

FIGURA 27

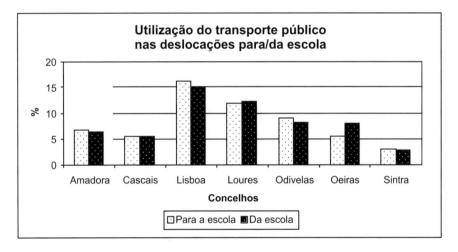

Normalmente elas brincam sobretudo em casa (39%/**40.1%**) ou no recreio da escola (29%/**29%**). O local de brincadeira perto de casa é a rua (35%/**41%**) ou o parque/jardim (23.6%/**19.9%**).

No mapa de privação da zona em estudo, o concelho de Lisboa apresenta o segundo maior valor do índice de privação no grupo dos concelhos com um nível de privação superior à média.

FIGURA 28

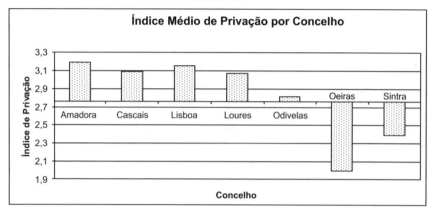

Da figura 29 pode concluir-se que a percentagem de crianças do concelho é sempre superior à percentagem de crianças inquiridas para níveis de privação superiores a 4.

FIGURA 29

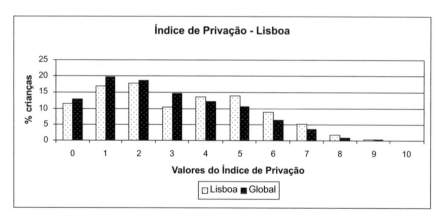

Uma análise por domínios de privação[30] mostra que este concelho aparece em 3º lugar a seguir a Loures e à Amadora nos domínios do Agregado Familiar, Saúde e Habitação. Tem

---

[30] Ver figuras, 7 a 11

um nível de privação igual ao da Amadora no domínio da Inserção Social e o 2º maior nível de privação a seguir a Cascais no domínio da Escolaridade.

FIGURA 30

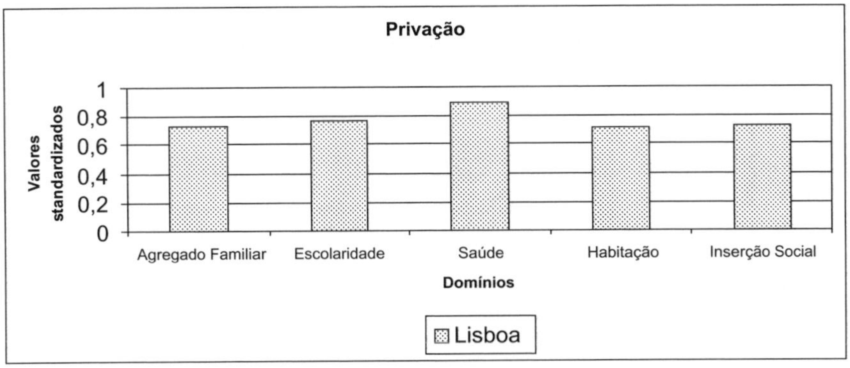

Privação

[gráfico de barras com domínios: Agregado Familiar, Escolaridade, Saúde, Habitação, Inserção Social — Lisboa]

Como se pode ver pela figura acima o nível de privação das crianças de Lisboa assume valores semelhantes para as diversas áreas consideradas.

5.4.4 *Loures*

Este concelho, apresenta uma elevada percentagem (24.7%/ **15.5%**) de crianças de etnia negra estando as outras etnias consideradas neste estudo muito fracamente representadas.

FIGURA 31

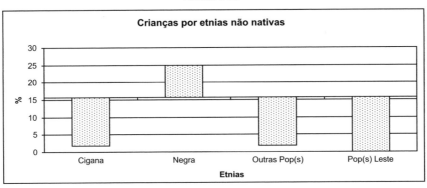

Em relação às características do agregado familiar este distingue-se da região da Grande Lisboa pelo elevado peso da mono-parentalidade feminina (19.7%/**15.4%**).

FIGURA 32

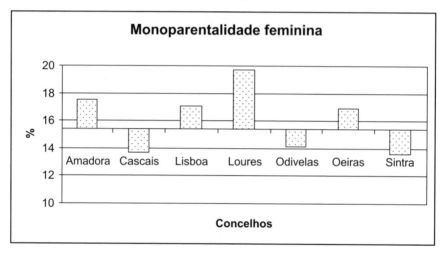

A escolaridade tanto do pai como da mãe é mais baixa que a média. Apenas 26.4% (**32.9%**) dos pais e 32.4%(**34.4%**) das mães tem instrução primária ou ciclo preparatório e esta percentagem é ainda mais reduzida se se considerar um grau de escolaridade equivalente ao curso unificado ou complementar [26.8%/**36.4%** para as mães e 21.3%/**31.9%** para os pais]. A percentagem dos que tem curso superior é menos de metade da média da grande Lisboa [5.1%/**11.5%** para as mães e 3%/**9.6%** para os pais].

FIGURA 33

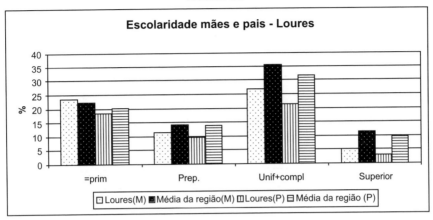

As mães têm profissões não qualificadas (49.5%/**42,8%**) ou trabalham nos serviços (23.6%/**22.3%**). Os pais são operários (29.2%/**21.7%**), operadores de instalações e trabalhadores de montagem (19.4%/**14.9%**) ou trabalham nos serviços (22.6%/**18.9%**).

Em relação à situação no mercado do trabalho, a percentagem de mães sem emprego é a maior da região da Grande Lisboa (21.9%/**16%**) e a percentagem de pais sem emprego (12.5%/**9.2%**) é a segunda mais elevada. Também aqui, a percentagem de pais/mães com baixo grau de escolaridade sem emprego é mais elevada que a dos que tem graus mais elevados de escolaridade.

FIGURA 34

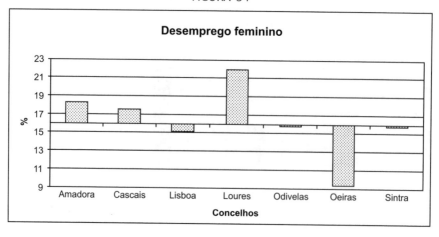

Em relação às dificuldades financeiras do agregado familiar, a percentagem de crianças que afirmam senti-las é a maior registada no conjunto da amostra (51.8%/**45.8%**). A situação de carência foi detectada em 38.2% das crianças.

FIGURA 35

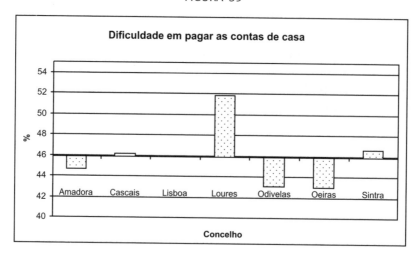

A ajuda nas tarefas caseiras consiste sobretudo em tomar conta dos irmãos (32.3%/**27.5%**). Mas são também em percentagem considerável os que ajudam os pais na sua profissão (17%/**10%**).

Uma percentagem menor (75.1%/**82.3%**) de crianças frequentou um jardim de infância e nunca reprovou (70.5%/**77.9%**). A percentagem dos que reprovaram mais de duas vezes é de 8.2% (**6.3%**).

Para além do recreio, a biblioteca (35.6%) é o segundo espaço mais preferido da escola. A sala de aula aparece em terceiro lugar. Neste concelho registou-se a mais elevada percentagem de crianças que referem terem frio na sala de aula (44.7%/**38.2%**).

FIGURA 36

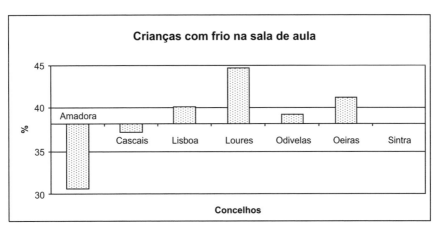

A maioria das crianças só vai ao médico quando está doente (63%/**60.7%**), já foi ao dentista (66%/**75.5%**), lava diariamente os dentes (80.4%/83.2%) mas apresenta um valor superior à média de crianças que apenas tomam um banho por semana (9%/7%).

Tomam o pequeno almoço fora de casa 9.4%(**10%**) das crianças, mas ao contrário do que acontece nos outros concelhos apenas 28.5%(**64.9%**) delas almoçam fora de casa É também menor a proporção dos que lancham (37.5%/**59.9%**) fora de casa. Loures apresenta simultaneamente a menor percentagem de crianças que tomam um pequeno almoço equilibrado (41.7%/**54.1%**) e uma percentagem de crianças que não tomam nada ao pequeno almoço que é aproximadamente o dobro da média para a região (8.9%/**4.5%**).

FIGURA 37

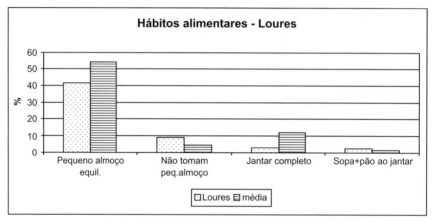

De modo idêntico, ao jantar apenas cerca de 3% (**12%**) de crianças come uma refeição completa e 2.6%(**1.3%**) só comem sopa e pão.

FIGURA 38

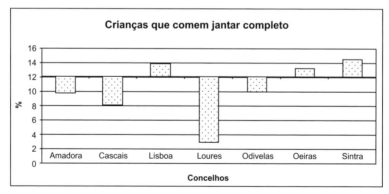

É também neste concelho que se regista a maior percentagem de crianças que gostariam de vestir roupas melhores (44.4%) e que acham não ter roupa suficiente para os proteger do frio (7.7%).

FIGURA 39

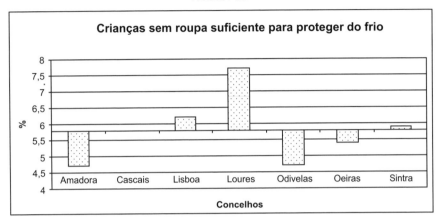

As crianças afirmam não gostar de viver no seu bairro e não ser felizes com a vida numa proporção que é também a mais elevada da região (21.4%/**8.2%** e 7.2%/**4.9%**), talvez porque acham o seu bairro desagradável (6.4%/**2.9%**), inseguro (14%/**6.3%**) e barulhento (16,2%/**14,2%**).

FIGURA 40: **Percepção face a atributos**

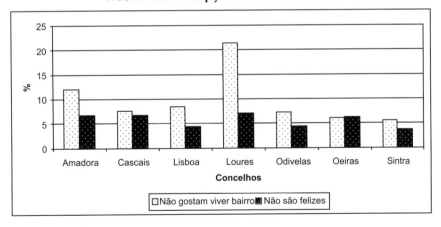

Uma percentagem consideravelmente maior de crianças, em relação à média da região, vive em casas em bairros de realojamento (23.2%/**10.2%**).

FIGURA 41

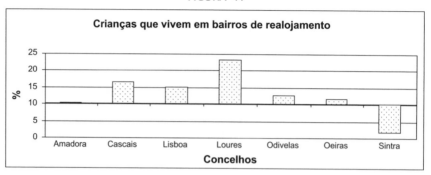

As habitações onde residem têm, em geral, 2 quartos e dispõe, numa menor percentagem em relação à média da região, de vídeo (75.6%/**77.7%**), computador (64.3%/**67.3%**) e telefone fixo (45.1%/**54.3%**), mas numa maior percentagem, de câmara de filmar (32.8%/**35.4%**) e DVD (86.4%/**82.4%**).

Para se entreterem, as crianças possuem proporcionalmente menos, cassetes de video (53.2% /**67.3%**), "playstation" (47.2% **54.9%**), vídeo (16.6% /**46%**), TV no quarto (60.9% /**63.5%**), computador(14%/**32.4%**), jogos para computador (47.7%/**53.7%**) e skate (26.8%/**23.5%**) e mais telemóveis (61.7%/**58.2%**) e DVD(s) (71.1%/**67.7%**).

Estas crianças dormem com os irmãos (28.9%/**29.5%**) ou com outros familiares (11.5%/**8.9%**). Deitam-se mais tarde e levantam-se mais cedo [06:00-07:00 (42.6%/**30.3%**); 07:00-08:30 (43%/**55%**)] que a média das crianças da região.

Frequentam o ATL 27.5%(**41.8%**) das crianças, sendo que em 37.5%(**46.6%**) dos casos o ATL é na escola. Fora do ATL estas crianças frequentam ainda actividades desportivas (38.7%/**38.1%**), catequese (35.3%/**28.7%**), inglês (26.8%/**12.2%**), música (13.6%/**9.9%**) e outras (19.1%/**10.1%**).

A percentagem de crianças que nunca lê é aproximadamente o dobro da registada para a Grande Lisboa (16.5%/**8.3%**).

Em período escolar um número inferior à média 68.3% (**71.6%**) saiem do seu bairro aos fins de semana e nas férias o destino da maioria delas é a praia (70.2%/**65.3%**), seguido da província (29.4%/**25.8%**).

No que respeita a diversões, as crianças vão ao restaurante (36.2%/**43.7%**), ao cinema (21.3%/**26%**), ao teatro/circo (20.4%/**18.4%**); ao Jardim Zoológico (60.9%/**74.5%**), ao Parque das Nações (65.5%/**54.2%**) e aos Museus (32.3%/**43.3%**).

Tal como a maioria, na região, vão para e vem da escola com os pais (40%/**50.6%**; 31.1%/**43.3%**) ou sozinhos (24%/**25.7%**; 38.7%/**30.6%**). Uma percentagem, superior à média, é acompanhado à ida por colegas (19.6%/**6.4%**) e à volta por outras pessoas (18.3%/**14.6%**).

FIGURA 42

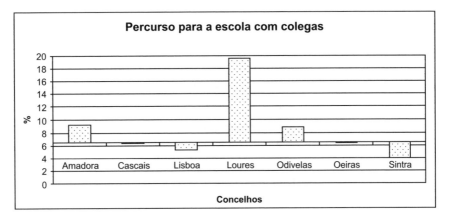

O percurso para e da escola é feito sobretudo a pé (60.4%/**54.1%**; 61.3%/**57.4%**). O carro é utilizado apenas por cerca de um quarto das crianças (**36%**) e os transportes públicos por cerca de 12% (**8%**).

As crianças brincam normalmente em casa (31.2%/**40.1%**), na rua (27.8%/**21.5%**) ou no recreio da escola (24.8%/**29%**). O local de brincadeira perto de casa é para 45.5%(**41%**) dos inquiridos a rua ou o parque/jardim (26.4%/**19.9%**).

Este concelho apresenta o 3º valor mais alto do Índice de Privação, a seguir à Amadora e Lisboa. A figura seguinte mostra, no entanto, que ao contrário do que acontece nos concelhos anteriormente vistos, não existem crianças com níveis de privação acima de 7, e mesmo para o nível 7, aquela percentagem é inferior à obtida para o conjunto da amostra.

92 | Análise das condições de vida das crianças

FIGURA 43

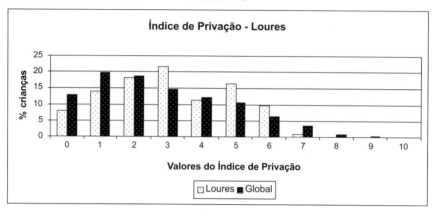

A análise da privação por domínios mostra um elevado nível de privação no domínio do agregado familiar, com a presença significativa da mono-parentalidade feminina ,baixo nível de escolaridade dos pais a que se associa um elevado desemprego e a percepção por parte das crianças de existência de dificuldades financeiras em casa. A falta de hábito de ida regular ao médico e hábitos de higiene deficientes, e a elevada percentagem de crianças a viverem em bairros de realojamento fazem com que também nos domínios da Saúde e Habitação sejam elevados os níveis de privação. Já nos domínios da escolaridade e da inserção social são reduzidos.

FIGURA 44

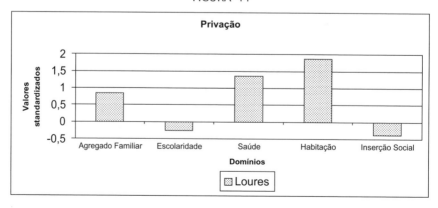

5.4.5 *Odivelas*

Este concelho apresenta a maior percentagem de crianças de etnia cigana(9.4%).

Os agregados familiares são muito semelhantes aos da Grande Lisboa, apenas com um peso superior de agregados familiares com 4 filhos (55.3%/**59.1%**).

A escolaridade e qualificação profissional tanto dos pais como das mães é semelhante à média da região da Grande Lisboa, sendo apenas de realçar uma percentagem superior de mães com curso superior (13.2%/**11.5%**) e com profissões ligadas aos serviços (29.1%/**22.3%**) e inferior com profissões não qualificadas (20.9%/**27.9%**) e uma percentagem superior de pais operários (33.4%/**25.1%**) e ligeiramente inferior de técnicos de nível intermédio (9.8%/**11.7%**).

A percentagem de crianças que afirmam sentir existirem dificuldades financeiras no agregado familiar é inferior à registada para o conjunto da amostra (43,1%/**45.8%**). A situação de carência foi detectada em 18.1% das crianças.

As crianças ajudam sobretudo a preparar as refeições (44.4%/**36%**) e os pais na sua profissão (13.2%/**10%**).

Uma percentagem menor que a média (78.6%/**82.3%**) de crianças frequentou um jardim de infância mas a percentagem dos que nunca reprovaram é superior (84.2%/**77.9%**) e a dos que reprovaram duas ou mais vezes é a mais baixa (2.1%/**6.3%**) da região.

Para além do recreio, a biblioteca e a sala de aulas aparecem, com valores percentuais semelhantes, em 2º lugar nas preferências das crianças.

No concelho de Odivelas à semelhança de outros concelhos a maioria das crianças só vai ao médico quando está doente (63.3%/**60.7%**), já foi ao dentista (74.6%/**75.5%**), lava diariamente os dentes (86.7%/**83.2%**). Contudo apresenta um valor superior à média de crianças que apenas tomam um banho por semana (9.9%/**7%**).

94 | Análise das condições de vida das crianças

Cerca de 10% das crianças tomam o pequeno almoço fora de casa, mas ao contrário do que acontece nos outros concelhos, excepto Loures, pouco mais de metade (50.9%/**64.9%**) almoçam fora de casa. A proporção dos que lancham (62.6%/**59.9%**) e jantam (10.9%/**5.7%**) fora de casa é superior à média. Em Odivelas, em geral, 57.3%(**54.1%**) das crianças tomam um pequeno almoço completo e ao jantar 47.4%(**67.1%**) comem carne/peixe acompanhados por arroz/massa/batata.

Neste concelho regista-se a menor percentagem de crianças que gostariam de vestir roupas melhores (32.7%/**39.5%**) e que acham não ter roupa suficiente para os proteger do frio (4.7%/**5.8%**).

As crianças afirmam gostar de viver no seu bairro (92.7%/**91.8%**) que descrevem como agradável (50.7%/**39.3%**) e seguro (12.4%/**11.3%**) e sentem-se felizes com a vida que têm (95.7%/**95.1%**).

Vivem, na sua maioria, em vivendas (27,5%/**19.2%**) ou em andares (57.6%/**68.5%**) com 2 ou 3 quartos (87.2%/**84.8%**) dos quais 93.6%(**91.6%**) dispõe de todos os equipamentos ou só não tem câmara de filmar.

Para se entreterem, as crianças possuem, vídeo (25%/**46%**), cassetes de video (56% /**67.3%**), "game-boy" (38%/**47.9%**), "playstation" (48.3% /**54.9%**), TV no quarto (58.5%/**63.5%**), computador (20.7%/**32.4%**), jogos para computador (47%/**53.7%**), DVD(s) (54.1%/**67.7%**), "skate" (19.7%/**23.5%**), patins (27.6%/**33.3%**).

Dormem com os irmãos (27.4%/**29.5%**) ou com outros familiares (11.5%/**8.9%**). Deitam-se e levantam-se cedo [20:30--22:00 (63.9%/**57.1%**); 06:00-07:00 (42.3%/**30.3%**)].

Frequentam o ATL 32.5%(**41.8%**) das crianças, sendo que em 44.2%(**46.6%**) dos casos o ATL é na escola. Fora do ATL frequentam ainda actividades desportivas 39.3% (**38.1%**), catequese (31.2%/**28.7%**), inglês 35.9%(**12.2%**), música 12.6%(**9.9%**) e outras (14.1%/**10.1%**).

A proporção de crianças que lêem várias vezes por semana é a mais elevada da região (52.4%/**46.4%**).

FIGURA 45

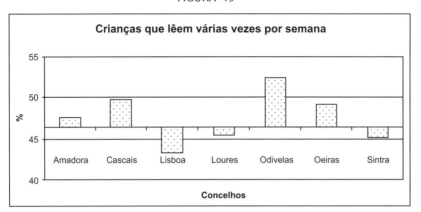

Em período escolar saiem do seu bairro aos fins de semana menos que a média (66.4%/**71.6%**). Nas férias, 35.7%(**25.1%**) ficam em casa e quando saiem o destino da maioria é a praia (69.7%/**65.3%**), seguido da província (20.5%/**25.8%**).

Como diversão, as crianças vão ao restaurante (41.9%/**43.7%**), ao cinema (33.5%/**26%**), ao teatro/circo (31.4%/**18.4%**) e com carácter mais pedagógico ao Jardim Zoológico (72%/**74.5%**), Museus (51.3%/**43.3%**) e Parque das Nações (44%/**54.2%**).

Vão para e vêm da escola com os pais (49%/**50.6%**; 43%/**43.3%**) ou sozinhos (24%/**25.7%**; 28.4%/**30.6%**). O percurso para e da escola é feito a pé (46.1%/**54.1%**; 50%/**57.4%**). Os transportes públicos são pouco utilizados (9%/**8%**; 8.1%/**7.7%**).

As crianças brincam normalmente em casa (45.8%/**40.1%**), na rua (17.9%/**21.5%**) ou no recreio da escola (25.7%/**29%**). O local de brincadeira perto de casa é para 35%(**41%**) dos inquiridos a rua e para 28.6%(**27.5%**) a casa. O parque/jardim é também para 24.1%(**19.9%**) local de brincadeira.

A distribuição do Índice de Privação é em Odivelas semelhante à descrita para o concelho de Loures.

FIGURA 46

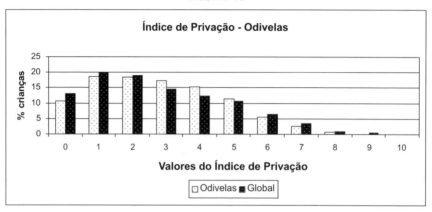

Contudo, ao contrário do que acontecia em Loures, o Índice de Privação no domínio do agregado familiar está abaixo da média dado o mais elevado nível de escolaridade dos pais e a menor percentagem de crianças que afirmam ter a percepção de existência de dificuldades financeiras em casa.

FIGURA 47

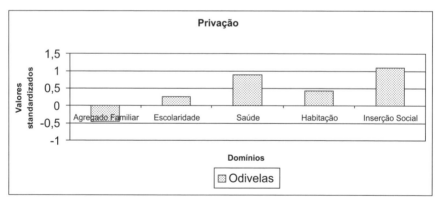

e estão acima da média os Índices de privação nas áreas da escolaridade e inserção social dados os, relativamente, menor valor da percentagem de crianças que não tem ajuda na realização dos trabalhos para casa e maior valor da percentagem de crianças que ficam em casa nas férias.

5.4.6 Oeiras

Oeiras é o concelho com a mais pequena proporção de crianças de etnia cigana (0.3%) e com uma proporção de negros semelhante à de Cascais (13.2%).

Em relação às características do agregado familiar, este concelho apenas se distingue da Grande Lisboa por apresentar uma percentagem ligeiramente superior de agregados com 1 filho (16.7%/**14.3%**).

A distribuição do grau de escolaridade e profissão das mães e pais das suas crianças é muito diferente do observado nos restantes concelhos. A percentagem de mães com curso superior é mais do dobro da média da região (24.9%/**11.5%**) e a de pais quase 3 vezes mais elevada (25.2%/**9.8%**).

FIGURA 48

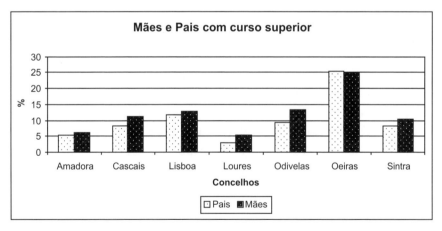

Aqui aparecem com maior expressividade, tanto para as mães como para os pais, profissões como técnicos e profissionais de nível intermédio (20.4%/**8.8%**; 25.5%/**11.7%**) e especialistas em profissões intelectuais e cientificas (13.5%/**6.4%**; 18.2%/**7.3%**). Em contrapartida a percentagem de mães em profissões não qualificadas (18.1%/**27.9%**) e pais operários (8.1%/**21.7%**) é a menor da região.

FIGURA 49

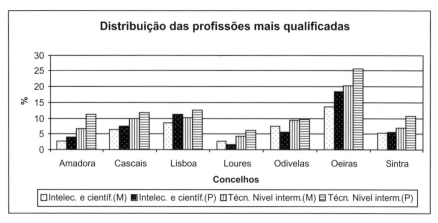

Em relação à situação no mercado do trabalho, Oeiras apresenta uma maior percentagem de pais (10.9%) do que de mães (9.4%) sem emprego. A correlação negativa entre a escolaridade ou profissão e a situação no mercado do trabalho não é aqui, tal como em Cascais, significativa.

Em relação às dificuldades financeiras do agregado familiar, a percentagem de crianças que afirmam senti-las é a mais baixa registada na região da Grande Lisboa (43%/**45.8%**) o que pode explicar a baixa taxa de crianças consideradas carenciadas[31] (21.3%/**34.9%**). A correlação negativa entre percepção de existência de dificuldades financeiras no agregado familiar e grau de escolaridade dos pais não é significativa.

A percentagem de crianças que ajuda na preparação de refeições (53%/**36%**) é a maior da região, a das que ajudam a tomar conta dos irmãos (30%/**27.5%**) está acima da média. Esta realidade é em parte explicada pela elevada participação das mulheres no mercado de trabalho que obriga, grande parte delas a deslocar-se para Lisboa, estando assim ausentes durante o dia.

---

[31] A segunda mais baixa a seguir à de Odivelas.

FIGURA 50

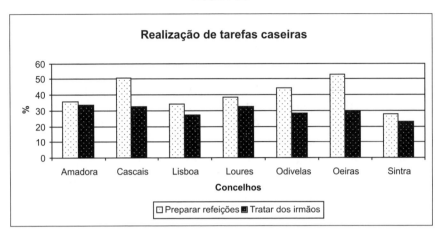

Frequentaram um jardim de infância (85.4%/**82.3%**) proporcionalmente mais crianças que em qualquer dos outros concelhos. A percentagem das que nunca reprovaram (81.5%/**77.9%**) e a dos que reprovaram duas ou mais vezes (4.1%/**6.3%**) estão, respectivamente, ligeiramente acima e abaixo da média. Para além do recreio (55.7%), a sala de aula (28.5%) e a biblioteca (14.3%) são os espaços da escola preferidos pelas crianças.

Oeiras é um dos poucos concelhos onde uma proporção mais significativa de crianças vai ao médico mesmo sem estarem doentes (40.6%/**39.3%**), já foi ao dentista (86.4%/**75.5%**) e lava diariamente os dentes (89.8%/**83.2%**). É, juntamente com Cascais, um concelho onde a proporção de crianças que toma banho todos os dias (58.5%/**45%**) é elevada.

Quanto aos hábitos alimentares, a percentagem de crianças que tomam o pequeno almoço (10.1%/**10%**) fora de casa é muito próximo da média mas o almoço (74.4%/**64.9%**) e o jantar (11.7%/**5.7%**) fora de casa é a realidade para uma proporção superior à média. O pequeno almoço é equilibrado para 60.6% (**54.1%**) das crianças. A percentagem de crianças que come uma refeição completa ao jantar é de 8.10%(**12.1%**).

100 | Análise das condições de vida das crianças

Oeiras apresenta uma relativamente baixa taxa de crianças carenciadas (21.3%/**35%**).

É interessante verificar que a percentagem de crianças que afirmam não ser felizes com a vida que tem assume neste concelho um valor (6.3%/**4.9%**) semelhante ao registado no concelho de Amadora, embora marginal, pois a quase totalidade gosta de viver no seu bairro (94%) que classificam como agradável (45.4%), alegre (13.7%) e calmo (13.4%).

As habitações onde residem são moradias (22.8%/**19.2%**) ou andares (64.9%/**68,5%**) que têm, em geral, 3 quartos (45.4%), mas a percentagem das que tem 4 quartos é superior à registada para a região (13.1%/**9.9%**). Estão bem equipadas[32] possuindo vídeo (81.4%/**77.7%**), DVD(s) (85.5%/**82.4%**), computador (72.2%/**67.3%**), telefone fixo (57.7%/**54.3%**) ou câmara de filmar (39.1%/**35.4%**).

Para se entreterem, uma menor percentagem de crianças, em relação à média, possui, TV no quarto (58%/**63.5%**), vídeo (23.2%/**46%)**, cassetes de video (63%/**67.3%**), "playstation" (53%/**54.9%**), mas, uma maior percentagem possui computador (35%/**32.4%**), jogos para computador (58% /**53.7%),** "gameboy" (51.4% /**47.9%**), patins (44.8%/**33.3%)** e "skates" (26.2%/**23.5%**).

Uma maior percentagem de crianças, que em outros concelhos, dorme sozinha mesmo quando tem até 2 irmãos a viver na mesma casa (62.2%)[33]. Apenas dormem com os irmãos 25.2% (**29.5%**) das crianças. Deitam-se entre as 20:30-22:00 (62.8%/**57.1%**) e a maioria levanta-se entre 07:00-08:30 (51.1%/**55%**). Contudo 73% das crianças que se levantam entre as 6:00-7:00 deitam-se entre as 20:30-22:00.

Frequentam o ATL 57.9%(**41.8%**) das crianças, sendo que em 52.8%(**46.6%**) dos casos o ATL é fora da escola. Fora do ATL estas crianças frequentam ainda actividades desportivas

---

[32] 22% tem em casa todos os equipamentos considerados neste estudo.

[33] Este número baixa para cerca de 30% quando o número de irmãos a co-habitar aumenta para 3 ou 4.

48.3% (**38.1%**), catequese (24.9%/**28.7%**), música 13.2%(**9.9%**), inglês 20.5%(**12.2%**) e outras (17.5%/**10.1%**). Escutismo tem um peso (6.9%/**3.6%**) na rotina das crianças deste concelho bastante acima do registado nos demais concelhos

As crianças de Oeiras lêem várias vezes por semana (49.2%/**45.4%**).

Em período escolar saiem do seu bairro aos fins de semana (71.4%/**71.6%**) e nas férias a maioria vai à praia (67.8%/**65.3%**), à província (26.8%/**25.8%**) ou ao estrangeiro (24%/**11.6%**). A percentagem dos que não saiem de casa nas férias é de 24.3% (**25.1%**).

No que respeita a diversões, a principal saída é para ir ao restaurante (55.2%/**43.7%**) seguida de ida ao cinema (30.9%/**26%**) e ao teatro/circo (15.8%/**18.4%**). Com carácter mais pedagógico o Jardim Zoológico (76%/**74.5%**), Parque das Nações (59.3%/**54.2%**) e Museus (51.6%/**43.3%**) são os mais visitados.

A maioria das crianças vão (61.8%/**50.6%**) e vêm (52.4%/**43.3%**) para e da escola acompanhadas pelos pais. Oeiras apresenta a mais baixa taxa dos que vão e vêm sozinhos (19.6%/**25.7%**; 20.2%/**30.6%**). Á tarde é também frequente as crianças serem acompanhadas no regresso a casa por outras pessoas (17.7%/**14.6%**).

FIGURA 51

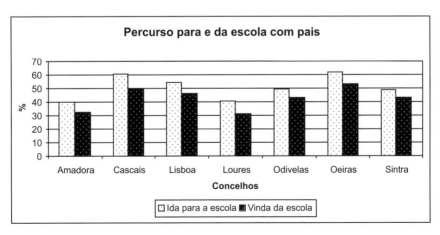

Nas suas deslocações para e da escola estas crianças utilizam sobretudo o carro (49.5%/**37.7%**; 46.1%/**34.4%**). Apenas cerca de 5% utilizam o transporte público para ir e 8% para vir da escola e um pouco mais de 40% vão e vem a pé.

Em Oeiras, as crianças brincam sobretudo em casa 41.6%(**40.1%**), no recreio da escola 30.3%(**29%**) ou na rua 18.3%(**21.5%**). O local de brincadeira perto de casa é para 41.1%(**41%**) dos inquiridos a rua. Dentro de casa brincam 35.3%(**27.5%**) e no parque/jardim 20.5%(**19.9%**).

O concelho de Oeiras, confirmando o quadro acima descrito, é o que apresenta menor Índice de Privação na região da Grande Lisboa, como mostra a figura seguinte:

FIGURA 52

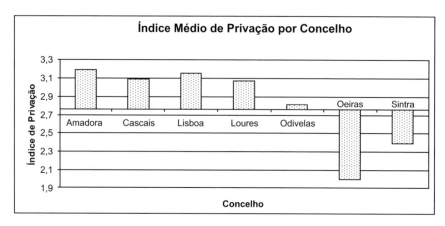

Esta constatação torna-se ainda mais nítida se se olhar para a distribuição do Índice de Privação neste concelho em comparação com a distribuição do mesmo Índice para a região.

FIGURA 53

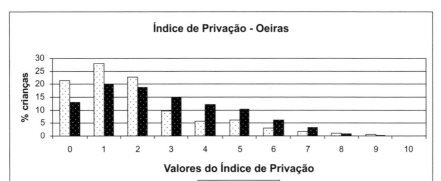

Uma análise por domínios confirma uma vez mais o estatuto de Oeiras como concelho onde se regista o menor nível de privação qualquer que seja o domínio considerado.

FIGURA 54

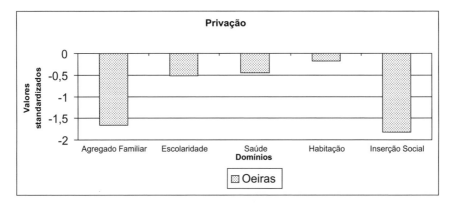

Em Oeiras, como já foi acima referido, as famílias são de

104 | Análise das condições de vida das crianças

pequena dimensão com a mais elevada percentagem de agregados familiares só com um filho, o nível de escolaridade tanto da mãe como do pai são, regra geral, elevados e a taxa de crianças carenciadas é baixa o que explica o baixo nível de privação no domínio do agregado familiar. Também no domínio da Inserção Social, Oeiras ocupa um lugar privilegiado sendo baixa a percentagem de crianças que ficam em casa nas férias e muito elevada a percentagem das que praticam uma ou mais actividades fora do ATL. Embora assumindo valores não tão significativos, também nos domínios da Escolaridade, Saúde e Habitação, Oeiras se destaca pelo baixo nível de privação registado.

5.4.7 *Sintra*

Sintra apresenta o segundo valor mais elevado para a proporção de crianças de etnia cigana (8.4%) e um valor para a proporção de negros próxima da média (16.9%/**15.5%**).

A distribuição das características do agregado familiar é semelhante à do concelho de Odivelas mas com um peso inferior de agregados familiares com 4 filhos.

A distribuição do grau de escolaridade das mães e pais das crianças deste concelho segue de perto a distribuição da mesma variável para a região da Grande Lisboa. Os pais e mães que possuem o 3º ciclo ou o ensino secundário são em maior proporção que a média da região (41%/**28.9%**; 44%/**33.3%**). Profissionalmente a distribuição de mães e pais é semelhante à registada em Odivelas e Loures. A proporção de mães/pais em profissões não qualificadas está abaixo da média (23.7%/**27.9%**; 21.9%/**25.2%**), mas as das profissões nos serviços e administrativas (28.3%/**25.5%**;39.7%/**35.2%**) são superiores à média.

A percentagem de mães desempregadas está próxima da média mas a percentagem de pais sem emprego é a menor da região (5.5%/**9.2%**).

Em relação às dificuldades financeiras do agregado familiar, neste concelho a percentagem de crianças que afirmam senti-las é a segunda mais elevada registada na região da Grande Lisboa (46.6%/**45.8%**). Contudo, a taxa de crianças consideradas carenciadas (30.5%/**34.9%**) é inferior à média .

A percentagem de crianças que ajudam os pais é sempre inferior à média [preparação de refeições (27.3%/**36%**); tomar conta dos irmãos (23.1%/**27.5%**); ajuda na profissão (6.8%/ **10%**)].

Frequentaram um jardim de infância 84.3%(**82.3%**) e nunca reprovaram 81.5%(**77.9%**). Reprovaram duas ou mais vezes 3.9% (**6.3%**). Para além do recreio (55.7%), a sala de aula (30.9%) e a biblioteca (18.7%) são os espaços da escola preferidos pelas crianças.

Sintra como Oeiras é um dos poucos concelhos onde uma proporção mais significativa de crianças vai ao médico mesmo sem estar doente (42.5%/**39.3%**), mas já foi ao dentista (74%/ **75.5%**) e lava diariamente os dentes (80.1%/**83.2%**) uma proporção menor de crianças. No que respeita ao banho, a moda estatística é neste concelho tomar banho 3 vezes por semana (44.9%).

Quanto aos hábitos alimentares, a percentagem de crianças que tomam o pequeno almoço (7%/**10%**) e o jantar (1.8%/ /**5.7%**) fora de casa está abaixo da média mas o almoço (68.3%/**64.9%**) e o lanche (63.9%/**59.9%**) fora de casa é a realidade para uma proporção superior à média. O pequeno almoço é equilibrado para 52.5% (**54.1%**) das crianças. Ao jantar as crianças comem, em geral, carne/peixe acompanhados de arroz/massa/batata (78%).

É interessante verificar que a percentagem de crianças que afirmam ser felizes com a vida que tem assume neste concelho um valor próximo do registado para a região (96.3%/**95.1%**) mas é maior a dos que gostam de viver no seu bairro (94.4%/ **91.8%**) que classificam como agradável (41%), alegre (13.4%), calmo (12.4%) e seguro (11.9%).

106 | Análise das condições de vida das crianças

Sintra apresenta os valores mais baixos para a proporção de crianças que habita em barracas (0.3%) ou bairros de realojamento (2%). As crianças habitam em moradias (21.8%/**19.2%**) ou andares (75.9%) que têm, em geral, 2 quartos (45.4%) e como equipamento, vídeo (82.2%/**77.7%**), DVD(s)(85.5%/ **82.4%**), computador (69.9%/**67.3%**), telefone fixo (57.2%/ **54.3%**) ou câmara de filmar (37.4%/**35.4%**). Juntamente com Oeiras é o concelho em que as habitações estão mais bem equipadas.

Para se entreterem, as crianças deste concelho possuem numa percentagem acima da média, TV no quarto (65.2%/ **63.5%**), vídeo (56.7%/**46%**), cassetes de video (75.8%/**67.3%**), "playstation" (60.1%/**54.9%**), computador (35.7%/**32.4%**), DVD(s) (73.2%/**67.7%**), jogos para computador (56.5% /**53.7%**) e "gameboy" (51.6% /**47.9%**).

É de 37.9% a percentagem de crianças que dorme sozinha quando tem até 2 irmãos a viver na mesma casa (76.5%). Dormem com os irmãos 35.3% (**29.5%**) das crianças. Deitam-se entre as 20:30-22:00 (55.9%/**57.1%**) ou 22:00-23:30 (37%/**33%**) e a maioria levanta-se entre 07:00-08:30 (58.7%/**55%**) ou mesmo depois das 8:30 (17.9%/**14.7%**). Contudo 72.3% das crianças que se levantam entre as 6:00-7:00 deitam-se entre as 20:30-22:00.

Frequentam o ATL 37%(**41.8%**) das crianças, sendo que em 49.6%(**46.6%**) dos casos o ATL é fora da escola. Sintra é o concelho em que é menor a percentagem das crianças que praticam actividades fora da escola quaisquer que elas sejam [desportivas (34% /**38.1%**), catequese (29%/**28.7%**), inglês (6.4%(**12.2%**), música (5.6%/**9.9%**) e outras (4.9%/**10.1%**)].

As crianças lêem nunca (5.6%/**8.3%**) ou raramente (49.3%/ **45.4%**) o que significa que 54.9% não tem hábitos de leitura.

Em período escolar, saiem do seu bairro aos fins de semana (76.7%/**71.6%**) e nas férias a maioria vai à praia(64.3%/ **65.3%**), à província (28.2%/**25.8%**). Menos são os que não saiem de casa nas férias (22.1%/**25.1%**) ou vão ao estrangeiro (9.7%/ **11.6%**).

Vão ao restaurante numa proporção acima da média (45%/**43.7%**) mas a proporção dos que vão ao cinema (20.5%/**26%**) e ao teatro/circo (15.8%/**18.4%**) é menor. Os que fazem visitas de índole pedagógica são também proporcionalmente menos que a média qualquer que seja o destino [Jardim Zoológico (73%/**74.5%**), Parque das Nações (53%/**54.2%**), Museus (36.5%/**43.3%**].

Proporcionalmente mais crianças vão para a escola sozinhas (28.3%/**25.7%**) ou com outras pessoas (11%/**9%**). Os pais (43%/**43.3%**) ou outras pessoas (17.3%/ **14.6%**) vêm buscá-las à escola, embora parte significativa delas (29.3%/**30.6%**) volte sozinha. O trajecto casa-escola-casa é feito a pé [(55%/**54.1%**); (59%/**57.4%**)] ou de carro [(40.5%/**37.7%**); (35.8%/**34.4%**)]. Este é o concelho que apresenta menor taxa de utilização do transporte público tanto à ida (3%/**8%**) como à vinda (2.8%/**7.7%**) da escola.

As crianças brincam sobretudo em casa 41.9%(**40.1%**), no recreio da escola 29.1%(**29%**) ou na rua 19.4%(**21.5%**). O local de brincadeira perto de casa é para 43.2%(**41%**) dos inquiridos a rua. Dentro de casa brincam 30%(**27.5%**). O parque/jardim é palco de brincadeiras de apenas 16.1% (**19.9%**) apesar de 53.2% (**56.6%**) afirmarem terem um jardim perto de casa.

Sintra faz parte, juntamente com Oeiras, do grupo de concelhos com menor nível de privação, embora apresente valores de privação superiores aos registados para o concelho de Oeiras. Como se pode ver na figura abaixo, a percentagem de crianças de Sintra só é inferior á percentagem de crianças na amostra para valores do índice superiores a 4, enquanto tal acontecia em Oeiras para valores superiores a 2.

FIGURA 55

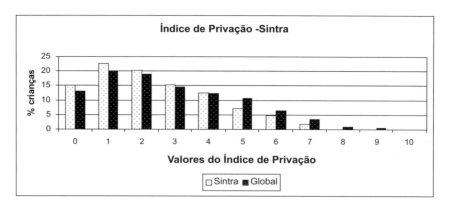

No entanto, uma comparação dos níveis de privação por domínios, entre Sintra e Oeiras, mostra que Sintra apresenta valores mais favoráveis para a Escolaridade, Saúde e Habitação e menos favoráveis para o Agregado Familiar e Inserção Social.

FIGURA 56

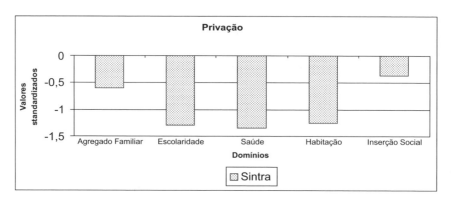

Quando comparado com Oeiras, em Sintra os agregados familiares são maiores, o nível de escolaridade das mães e dos pais é, em média, inferior e a percentagem de crianças que tem a percepção de existência de dificuldades financeiras em casa maior. Sintra é também o concelho em que é menor a percentagem de crianças que praticam actividades fora do ATL o que explica o nível de privação no domínio da Inserção Social. Por outro lado, Sintra é o concelho em que é menor a percentagem de crianças que não tem ajuda na realização dos trabalhos para casa e que habita em barracas e bairros de realojamento, razão dos valores baixos do nível de privação nos domínios da escolaridade e habitação.

5.5 Síntese dos resultados

Em síntese, os concelhos analisados podem dividir-se em dois grupos extremos: Amadora e Loures por um lado e, Oeiras, por outro. Entre estes, os concelhos de Cascais, Lisboa, Odivelas e Sintra situam-se numa posição intermédia. Cascais ocupa, no entanto uma posição mais próxima de Oeiras e Odivelas e Sintra, com características semelhantes, estão mais próximos de Amadora e Loures. Lisboa está, em muitos aspectos, mais próximo do 1º grupo.

Amadora e Loures são concelhos com maior percentagem de famílias de etnia negra, registando um maior peso de monoparentalidade feminina e famílias numerosas . Os pais/mães têm, em geral, baixa escolaridade e reduzidas qualificações profissionais, sendo aqui maior o peso do desemprego.

Nestes concelhos as condições de habitabilidade são mais degradadas do que no resto da região, apresentando uma maior percentagem de crianças a viver em barracas e bairros de realojamento onde dispõem de menos equipamento e menor variedade de "brinquedos". Por essa razão é maior a percentagem das crianças que não gostam do bairro onde vivem e dizem ser infelizes com a vida que têm. No entanto, ao contrário das crianças de Loures, as crianças da Amadora não têm a percepção de existência de dificuldades financeiras no agregado familiar.

Estas crianças são também as que tomam menos banhos semanais e têm uma alimentação menos equilibrada. Vão e vêm para e da escola sozinhas e a pé.

No pólo oposto está o concelho de Oeiras, onde a percentagem de agregados de outras etnias é a menor da região, existe uma maior percentagem de agregados só com um filho, os pais/mães têm elevados graus de escolaridade e profissões altamente qualificadas, a taxa de desemprego é pequena. Certamente por isso, as crianças passaram com maior frequência por jardins de infância, vão ao médico por rotina mesmo quando não estão doentes e passam frequentemente férias no estrangeiro. As condições de habitabilidade são também das melhores da região, com uma percentagem elevada de crianças a viver em moradias/apartamentos maiores, mais bem equipadas e com uma maior variedade de "brinquedos".

Estas crianças tomam banho todos os dias e têm uma alimentação equilibrada. No entanto, é neste concelho maior a percentagem de crianças que ajudam na preparação das refeições e a tomar conta dos irmãos. Vão e vêm para e da escola com os pais e de carro.

Nestas condições, não é de admirar que este seja o concelho com menor percentagem de crianças carenciadas.

Curioso é o facto de, apesar de gostarem do bairro onde vivem, existir neste concelho tal como em Cascais uma percentagem de crianças que afirmam não ser felizes com a vida que tem, com valor semelhante ao registado para a Amadora..

Cascais e Lisboa apresentam percentagens de crianças carenciadas bastante superiores às registadas para os concelhos de Amadora e Loures o que parece apontar para a ausência de homogeneidade nos critérios de classificação das crianças como carenciadas.

Uma análise do nível de privação leva a concluir pela existência de um baixo nível de privação entre as crianças da zona estudada. O nível de privação é contudo relativamente mais elevado nos domínios do Agregado Familiar e Saúde e mais baixo nos domínios da Escolaridade e Inserção Social.

Importante é chamar a atenção para a elevada margem de erro na classificação das crianças como carenciadas que penaliza, em especial, as crianças em situação de privação.

Em resumo, pode dizer-se que qualquer que seja o ângulo para o qual se olhe para o fenómeno da privação infantil, e a metodologia seguida para o analisar, são factores determinantes da situação de carência / privação :

- a origem / etnia da criança;

- a dimensão do agregado familiar, em particular o número de crianças no agregado;

- a escolaridade, fortemente correlacionada com a profissão e o nível de desemprego, tanto do pai como da mãe;

- a percepção de existência de constrangimentos financeiros no agregado familiar;

- o tipo de habitação, bem como, a variedade do equipamento doméstico na habitação

6.

Discussão das linhas orientadoras de projectos de intervenção na área da pobreza infantil

A análise das condições de vida das crianças desenvolvida nos pontos anteriores permitiu identificar um conjunto de elementos que concorrem negativamente para o seu bem-estar e, consequentemente, comprometem as suas capacidades/oportunidades de desenvolvimento.

Tendo em conta o diagnóstico realizado, pretende-se neste ponto apresentar e discutir algumas das coordenadas orientadoras das políticas de intervenção na área da pobreza infantil que, em nosso entender, poderão contribuir para debelar as situações de carência em que muitas das nossas crianças ainda vivem.

Os resultados obtidos nesta pesquisa sublinham a importância da família como elemento determinante do bem-estar das crianças. De facto, a faixa etária analisada é composta por crianças com uma reduzida autonomia e, por isso, ainda muito dependentes da família quer para as suas deslocações, como para a sua escolaridade, ocupação de tempos livres, alimentação e cuidados gerais de higiene e saúde.

Neste contexto, quaisquer intervenções específicas na área da pobreza infantil terá que ter necessariamente em conta as condições de vida do agregado em termos de: emprego, condições de trabalho, recursos financeiros, habitação, equipamentos sociais de apoio à infância e segurança social.

Adicionalmente, deverão ser desenvolvidos programas específicos de promoção do desenvolvimento das crianças mais carenciadas, que permitam ultrapassar as carências com que estas vivem e, dessa forma, contribuir para a interrupção do ciclo intergeracional da pobreza em que muitas delas vivem.

De acordo com a análise elaborada nesta pesquisa, consideramos que as linhas orientadoras de projectos de desenvolvimento do bem-estar das crianças mais desfavorecidas devem ter em conta os seguintes elementos:

- Continuar a desenvolver a rede de ensino pré-escolar uma vez que a frequência do jardim de infância promove o desenvolvimento das crianças, a sua integração social e a introdução de hábitos de vida saudável ao nível da alimentação e dos cuidados de saúde, por exemplo.

- A localização próxima dos locais de habitação dos equipamentos escolares para além de facilitar as deslocações promove uma maior interacção com as famílias, factor particularmente importante nas situações de pobreza.

- O desenvolvimento de apoios específicos de escolaridade a crianças carenciadas poderá atenuar as dificuldades de aprendizagem que estas têm geralmente e compensar a escassez de acompanhamento que as famílias lhes podem proporcionar.

- Ainda neste âmbito, a promoção de hábitos de leitura e de visitas de estudo colmatariam algumas das carências destas crianças e promoveriam a sua inserção social.

- A integração de programas orientados para a inserção de crianças pertencentes a determinados grupos étnicos ou originários de outros países contribuiria para promover a integração social das mesmas e o seu sucesso escolar. Até porque tais grupos se encontram geograficamente con-

Discussão das linhas orientadoras de projectos de intervenção | 115

centrados, tal como a análise elaborada nos pontos anteriores mostrou.

- A existência de serviços de apoio ao nível psicológico, médico e de acção social nas escolas permitiria suprir algumas das dificuldades de acesso a tais serviços das crianças mais desfavorecidas e encontrar formas de apoio às suas famílias.

- Considerando a existência generalizada de bairros de habitação social nos diversos concelhos integrados neste estudo, as autarquias deverão prestar especial atenção à promoção das condições de vida das populações aí residentes em termos de: saneamento básico, arranjo de espaços exteriores, construção de espaços lúdicos para as crianças, melhoria na cobertura da rede de transportes públicos e manutenção dos edifícios escolares.

- Face à importância da família enquanto meio privilegiado de desenvolvimento da criança, especial atenção deveria ser tomada no acompanhamento de famílias socialmente excluídas no sentido de promover a sua inserção social e auto-estima.

- Ainda no seio da família, o desenvolvimento de programas que permitissem transmitir elementos essenciais ao crescimento e desenvolvimento das crianças nas áreas da saúde colmatariam importantes carências normalmente sentidas pelas famílias mais desfavorecidas.

- Finalmente, a inexistência de informação sistematizada sobre as condições de vida das crianças enquanto unidade estatística de observação e não como mera componente da família, aponta para a necessidade de criação de um *Observatório da Criança* que reúna informação multidimensional sobre a criança e integre elementos específicos do seu bem-estar. Esta informação é uma base essencial para a definição de políticas adequadas ao desenvolvimento da criança.

Referências Bibliográficas

BASTOS, A. (1999); "Pobreza Infantil – Ensaio de Conceptualização e Medição com Aplicação a uma Zona Urbana em Portugal"; Dissertação de doutoramento; ISEG/UTL.

BASTOS, A., LEÃO FERNANDES, G., PASSOS, J. (2004); *Child Income Poverty and Child Deprivation. An Essay on Measurement*, International Journal of Social Economics; vol.31, number 11/22, pp. 1050-1060.

BASTOS, A., NUNES, F. (2007); *Child Poverty in Portugal - Dimensions and Dynamics*; Childhood – A Global Journal of Child Research; Forthcoming.

BASTOS, A., LEÃO FERNANDES, G., PASSOS, J. (2007); *Analysis of School Failure based on Portuguese Microdata*; Applied Economics Letters; Forthcoming

CEROLI, A. E ZANI, S. (1990);" A Fuzzy Approach to the Measurement of Poverty", in: Dagum, C. e Zenga, M. (eds), "Studies in Contemporary Economics", Berlin, Springer-Verlag, pp. 272-284

CERCS – Conseil de l'emploi, des revenues et de la cohesion sociale (2004), *Child Poverty in France*, Report 4, Paris.

FERREIRA, L.; A *Pobreza Infantil em Portugal, 1980/81-1989/90,* Estudos de Economia, vol. XIV, nº4, Jul-Set, pp. 451-464

HALLEROD, B. (1994); *Poverty in Sweeden: A New Approache to the Direct Measurement of Consensual Poverty,* Umea Studies in Sociology, Umea University

LA GORCE, F. (1979); *Les Enfants du Quart Monde: signe d'une société handicapée,* Vie Sociale, (11/12), pp. 659-667

MACK, J. E LANSLEY, S. (1985); "Poor Britain", London, Allen & Unwin

MIDDLETON, ASHWORTH and BRAITHWAITE (1997), *Small Fortunes Spending on Children, Childhood Poverty and Parental Sacrifice,* Joseph Rowntree Foundation , York.

118 | Análise das condições de vida das crianças

NOLAN, MAÎTRE and WATSON (2001) "Child income poverty and deprivation dynamics in Ireland", in: Bradbury et al. (ed.) "The Dynamics of Child Poverty in Industrialized Countries" (UNICEF).

QVORTRUP, J. (1995); QVORTRUP, J. (1995) "Childhood in Europe: A New Field of Social Research", in: Chisholm et al. (ed.), "Growing up in Europe" (New York: Walter de Gruyter).

SEN, A. (1999); "Desenvolvimento como Liberdade", Lisboa, Gradiva

SILVA, M. (1991); "Crianças Pobres em Lisboa: Implicações para a Intervenção Social"; CESIS

TOWNSEND (1979), "Poverty in the United Kingdom. A survey of household resources and standards of living", Penguin Books.

ANEXOS

Anexo I:

Inquérito

43780

INQUÉRITO SOBRE O BEM-ESTAR DAS CRIANÇAS
Ano lectivo 2004/2005

NOTA: Este inquérito não deverá ser preenchido a caneta com ponta de feltro, de modo a não passar tinta para o verso da página

Código [ ][ ][ ][ ][ ] / [ ][ ][ ][ ]   Sexo F ○ M ○   c ○   pl ○   op ○   n ○

I - Dados relativos ao agregado familiar

1.1. Com quem vives?
- Ambos os pais ○
- Só com a mãe ○
- Só com o pai ○
- Com o pai e a madrasta ○
- Com a mãe e o padrasto ○
- Com outros familiares ○
- Com outras pessoas ○

1.2. Quantos irmãos tens? [ ]

1.3. Quantos vivem contigo? [ ]

1.4. Idade
- 1.4.1. Qual a tua? [ ]
- 1.4.2. E a dos teus irmãos?
[ ][ ] [ ][ ] [ ][ ]
[ ][ ] [ ][ ] [ ][ ]

As questões de 1.5 a 1.9 são preenchidas pelo entrevistador de acordo com informação dada pela escola

1.5. Nível de escolaridade da mãe / responsável (fem.)
- Não sabe ler / escrever ○
- Instrução primária ○
- Ciclo preparatório ○
- Curso unificado ○
- Curso complementar ○
- Curso superior ○

1.6. Nível de escolaridade do pai / responsável (masc.)
- Não sabe ler / escrever ○
- Instrução primária ○
- Ciclo preparatório ○
- Curso unificado ○
- Curso complementar ○
- Curso superior ○

1.7. Qual é a profissão da mãe / responsável (fem.)? [ ][ ]

1.8. Qual é a profissão do pai / responsável (masc.)? [ ][ ]

1.9. A criança é considerada como "carenciada"?   Sim ○   Não ○

1.10. A tua mãe / responsável (fem.) tem tido trabalho durante o último ano?   Sim ○   Não ○

1.11. O teu pai / responsável (masc.) tem tido trabalho durante o último ano?   Sim ○   Não ○

1.12. Achas que os teus pais / responsáveis têm dificuldade em pagar as contas de casa?   Sim ○   Não ○

1.13. Em casa ajudas:
- Na limpeza e arrumação da casa ○
- Na preparação das refeições ○
- No cuidar dos teus irmãos ○
- Na profissão dos teus pais ○

1.14. Quantos carros têm os adultos que vivem na tua casa?   0 ○   1 ○   2 ○   3 ○   4 ○   5 ○

124 | Análise das condições de vida das crianças

43780

Código ☐☐☐☐ / ☐☐☐

II - Dados relativos à criança

A - Escolaridade

2.1. Andaste no jardim de infância?   Sim ○   Não ○

2.2. Em que ano estás?   3º ano ○   4º ano ○

2.3. Quantas vezes já chumbaste?   0 ○   1 ○   2 ○   3 ○   4 ○

2.4. Quem te ajuda a fazer o t.p.c. ou te esclarece dúvidas?
    Ninguém ○   O teu pai ○   A tua mãe ○   Outros ○

2.5. Achas que os teus pais gostam que tu estudes?   Sim ○   Não ○

2.6. Gostas de aprender?   Sim ○   Não ○

2.7. Gostas da tua escola?   Sim ○   Não ○

2.8. Qual o espaço da tua escola que gostas mais? (escolhe só uma)
    Sala de aula ○   Recreio ○   Biblioteca ○   Refeitório ○

2.9. No Inverno tens frio dentro da sala de aula?   Sim ○   Não ○

B - Saúde

2.10. Costumas ir ao médico só quando estás doente?   Sim ○   Não ○

2.11. Já foste alguma vez ao dentista?   Sim ○   Não ○

2.12. Lavas os dentes todos os dias?   Sim ○   Não ○

2.13. Quantas vezes tomas banho por semana?
    Uma vez ○   Duas vezes ○   Três vezes ○   Todos os dias ○

2.14. Das refeições que se seguem, quais fazes fora de casa?
    Pequeno almoço ○   Almoço ○   Lanche ○   Jantar ○

2.15. O que comeste hoje ao pequeno almoço?
    Leite / Iogurte ○   Ovos ○
    Cereais ○   Fruta ○
    Pão ○   Sumo ○
    Bolachas ○   Nada ○

2.16. E ao jantar de ontem?
    Sopa ○   Bolachas ○
    Carne / Peixe / Ovos ○   Arroz / Massa / Batata ○
    Pão ○   Fruta / Doce ○

43780

Código ☐☐☐☐ / ☐☐☐

2.17. Quando tens fome, normalmente há comida em casa?   Sim ○   Não ○

2.18. Achas que a roupa que usas é suficiente para te proteger do frio?   Sim ○   Não ○

2.19. Gostarias de vestir roupas melhores do que aquelas que normalmente usas?   Sim ○   Não ○

2.20. Gostas de viver no teu bairro?   Sim ○   Não ○

2.21. Sentes-te feliz com a vida que tens?   Sim ○   Não ○

C - Habitação

2.22. A casa onde vives é:
  Barraca ○   Andar ○
  Casa em bairro de realojamento ○   Vivenda ○

2.23. Quantos quartos tem a tua casa?   1 ○   2 ○   3 ○   4 ○   5 ○   6 ○   7 ○

2.24. Dos bens que se seguem, diz quantos existem em tua casa:
  Vídeo ○   DVD ○
  Câmara de filmar ○   Computador ○
  Telemóvel ○   Telefone fixo ○

2.25. Onde dormes?   Quarto ○   Outro ○

2.26. Com quem dormes?
  Sozinho(a) ○   Com outros familiares ○
  Com irmãos ○   Com outras pessoas ○

2.27. Ao pé da tua casa há algum jardim?   Sim ○   Não ○

D - Inserção Social

D1 - Rotinas de vida

2.28. Nos dias de escola a que horas costumas ir para a cama?
  20h30 - 22h00 ○   22h00 - 23h30 ○   Depois das 23h30 ○

2.29. Nos dias de escola a que horas te costumas levantar?
  06h00 - 07h00 ○   07h00 - 08h30 ○   Depois das 08h30 ○

2.30. Depois da escola vais para o ATL (actividades de tempos livres)?   Sim ○   Não ○

2.31. O ATL é na escola?   Sim ○   Não ○

2.32. Depois da escola vais logo para casa?   Sim ○   Não ○

126 | Análise das condições de vida das crianças

Código ☐☐☐☐ / ☐☐☐☐

2.33. Nos teus tempos livres tens alguma das actividades que se seguem fora do ATL?
- Desporto ○
- Música ○
- Inglês ○
- Catequese ○
- Escutismo ○
- Outra ○

2.34. Aos fins de semana costumas sair para casa de amigos ou familiares que residam fora do teu bairro? Sim ○ Não ○

2.35. Aos fins de semana é hábito ires às compras com os teus pais? Sim ○ Não ○

2.36. E nas férias, para onde costumas ir?
- Fico em casa ○
- Vou para a província ○
- Vou para a praia ○
- Vou para o estrangeiro ○

2.37. No último mês lembras-te de ter ido?
- Ao cinema ○
- Ao teatro / circo ○
- Ao restaurante ○

2.38. Para além das saídas com a escola, já visitaste:
- Museus ○
- Quinta Pedagógica ○
- Parque das Nações ○
- Monumento ○
- Jardim Zoológico ○

2.39. Fora da escola costumas ler livros?
- Nunca ○
- Raramente ○
- Várias vezes por semana ○

D2 - Independência de mobilidade

2.40. Com quem vens para a escola?
- Sozinho(a) ○
- Com outros familiares ○
- Com o pai / mãe / responsável ○
- Com colegas da escola ○
- Com outras pessoas ○

2.41. Como vens para a escola?
- A pé ○
- De carro ○
- De transporte público ○
- De carrinha da escola ○

2.42. Quem te vem buscar?
- Ninguém ○
- Outros familiares ○
- O pai / mãe / responsável ○
- Outras pessoas ○

2.43. Vais para casa:
- A pé ○
- De carro ○
- De transporte público ○
- De carrinha da escola ○

2.44. Tens amigos da escola a viver perto da tua casa?   Sim ○   Não ○

2.45. Brincas com eles?   Sim ○   Não ○   Se respondeste não, passa à pergunta 2.49.

2.46. Quando brincas com os amigos que vivem perto da tua casa, normalmente brincam:
Na rua ○   Dentro de casa ○   No parque/jardim ○

2.47. Se respondeste na rua, esta rua é a da tua casa?   Sim ○   Não ○

2.48. Como vais ter com os amigos que vivem perto de ti?
A pé   ○   De carro   ○
De bicicleta   ○   De transporte público ○

2.49. Não brincas com os teus amigos porque:
Os pais não deixam ○   Não és convidado ○   Ninguém te leva ○

2.50. Costumas brincar na rua onde moras?   Sim ○   Não ○

2.51. Achas que o teu bairro tem espaços suficientes para as brincadeiras que gostas de fazer?
Sim ○   Não ○

2.52. Na tua opinião quais são os três melhores espaços para brincares fora de casa?
Na rua, perto da tua casa ○   No recreio da escola ○
No jardim ○   Na praia ○
No parque infantil ○   No espaço livre e aberto ○

2.53. Quais são os três espaços onde brincas mais?
Na tua casa   ○   No jardim público   ○
Na casa do teu amigo   ○   Na rua, perto da tua casa ○
No recreio da escola   ○   No parque infantil   ○
No espaço livre e aberto ○

2.54. Achas que a tua escola tem espaços suficientes para as brincadeiras que gostas de fazer no recreio?
Sim ○   Não ○

2.55. Costumas andar sozinho(a) em transporte público pelo bairro/cidade onde moras?   Sim ○   Não ○

2.56. Costumas andar pelas principais ruas do teu bairro sozinho(a)?   Sim ○   Não ○

2.57. Costumas andar de bicicleta, de skate ou de patins, sozinho(a) pelas ruas do teu bairro?
Sim ○   Não ○

2.58. Costumas atravessar as ruas sozinho(a)?   Sim ○   Não ○

2.59. Costumas ficar sozinho(a) na rua ou brincar na rua com os teus amigos depois do anoitecer?
Sim ○   Não ○

128 | Análise das condições de vida das crianças

43780

Código ☐☐☐☐ / ☐☐☐

D3 - Brincadeiras preferidas

2.60. Onde costumas brincar normalmente? (escolhe só uma)
Em casa ○   Na rua ○
Em casa de amigos ○   No recreio da escola ○

2.61. Os teus pais deixam-te brincar em qualquer lugar da casa?   Sim ○   Não ○

2.62. Costumas levar algum brinquedo de casa para a escola?   Sim ○   Não ○

2.63. Costumas brincar no recreio?   Sim ○   Não ○

2.64. Quando estás na escola, brincas mais: Sozinho(a) ○   Com os colegas ○

2.65. Quais são as brincadeiras que fazes mais no recreio da escola? (escolhe só uma)
Jogar à bola ○   Jogos de corda ○
Conversar ○   Jogos de "faz de conta" ○
Jogar às cartas ○

2.66. Na tua opinião, achas que a escola tem espaços suficientes para as brincadeiras que mais gostas?
Sim ○   Não ○

2.67. Aos fins de semana brincas?
Nunca brincas ○   Só de tarde ○
Só de manhã ○   Brincas todo o dia ○

2.68. Aos fins de semana brincas com os teus pais?
Todo o dia ○   Só de tarde ○
Só de manhã ○   Nunca brinco ○

2.69. Aos fins de semana brincas com os teus amigos?
Na rua ○   Dentro de casa ○
No parque / jardim ○   Nunca brinco ○

2.70. Em qual destes espaços gostas mais de brincar? (escolhe só um)
Na rua, perto da tua casa ○   No parque infantil ○
No jardim público ○   No recreio da escola ○
Na praia ○

2.71. Por ordem de importância, diz a tua opinião sobre os três melhores espaços para as crianças brincarem (considerando que, na escala de 1 a 3, 1 é a mais importante e 3 a menos importante).

	1	2	3
Na rua	○	○	○
No recreio da escola	○	○	○
No jardim público	○	○	○
No parque infantil	○	○	○
No pátio coberto	○	○	○
Em espaços livres abertos	○	○	○

43780

Código ☐☐☐☐ / ☐☐☐

2.72. Dos objectos que se seguem, diz-me quais são os que tens:
- Televisão no quarto ○
- Vídeo ○
- Cassetes de vídeo ○
- Playstation / X-Box ○
- DVD's ○
- Game-boy ○
- Computador próprio ○
- Jogos de computador ○
- Telemóvel ○
- Bicicleta ○
- Patins ○
- Skate ○
- Lego ○
- Bola ○

2.73. Quais são os jogos que gostas mais? (escolhe só um)
- Lego, mecano, playmobile (jogos de construção) ○
- Bola, skate, patins, bicicleta (jogos de movimento) ○
- X-Box, playstation, gameboy, sega (jogos electrónicos) ○

D4 - Percepção do espaço urbano

2.74. Sabes o nome do teu bairro? Sim ○ Não ○

2.75. Sabes o nome do bairro onde fica a tua escola? Sim ○ Não ○

2.76. Sabes onde é que o teu pai trabalha? Sim ○ Não ○ Se respondeste não, passa à pergunta 2.78.

2.77. És capaz de ir ter com ele? Sim ○ Não ○

2.78. Sabes onde é que a tua mãe trabalha? Sim ○ Não ○ Se respondeste não, passa à pergunta 2.80.

2.79. És capaz de ir ter com ela? Sim ○ Não ○

2.80. Quando se fala do teu quarto, de que te lembras logo? (escolhe só uma)
- Dos brinquedos ○
- Dos jogos ○
- Da tua família ○
- Da comida ○
- Das brincadeiras ○
- Da televisão ○
- Do mobiliário ○

2.81. Quando se fala da tua casa, de que te lembras logo? (escolhe só uma)
Da tua família ○   Dos teus brinquedos ○   Dos teus jogos ○   Dos teus amigos ○

2.82. Quando se fala da rua da tua casa, de que te lembras logo? (escolhe só uma)
Da tua casa ○   Da tua família ○   Dos teus amigos ○   Das brincadeiras ○

2.83. Quando se fala da rua da tua escola, de que te lembras logo? (escolhe só uma)
- Dos teus colegas ○
- Das brincadeiras ○
- Do professor ○
- Dos trabalhos da escola (contas, leitura, ditados) ○
- De comida ○

Código ☐☐☐☐ / ☐☐☐

2.84. Quando se fala do recreio da tua escola, de que te lembras logo? (escolhe só uma)
    Dos teus colegas ○   Da tua família ○
    Das brincadeiras ○   Do professor ○
    De comida ○

2.85. Sobre as pessoas que vivem no teu bairro, achas que são:
    Muitas ○   Nem muitas nem poucas ○   Poucas ○

2.86. Sobre os automóveis que circulam pelas ruas do teu bairro, achas que são:
    Muitos ○   Nem muitos nem poucos ○   Poucos ○

2.87. Por ordem de importância, quais as três principais características que uma cidade deve ter (considerando que, na escala de 1 a 3, 1 é a mais importante e 3 a menos importante)?

	1	2	3
Agradável	○	○	○
Silenciosa	○	○	○
Povoada	○	○	○
Enorme	○	○	○
Segura	○	○	○
Tranquila	○	○	○
Pequena	○	○	○
Alegre	○	○	○
Clara	○	○	○

2.88. Na tua opinião, o bairro onde tu moras é? (escolhe só uma)
    Agradável ○   Alegre ○
    Desagradável ○   Triste ○
    Seguro ○   Calmo ○
    Inseguro ○   Barulhento ○

2.89. Na tua opinião, o bairro onde fica a tua escola é? (escolhe só uma)
    Agradável ○   Alegre ○
    Desagradável ○   Triste ○
    Seguro ○   Calmo ○
    Inseguro ○   Barulhento ○

MUITO OBRIGADO PELA TUA COLABORAÇÃO!

Anexo II:

Lista de escolas aderentes

Concelho	Agrupamento	.Escola
AMADORA	Escolas Alfornelos	Escola Básica do 1º Ciclo Alice Leite
AMADORA	Escolas Alfornelos	Escola Básica do 1º Ciclo com Jardim de Infância Orlando Gonçalves
AMADORA	Escolas Alfornelos	Escola Básica do 1º Ciclo com Jardim de Infância Santos Mattos
AMADORA	Escolas Alfornelos	Escola Básica do 1º Ciclo Maria Irene Lopes de Azevedo
AMADORA	Escolas Alice Vieira	Escola Básica do 1º Ciclo com Jardim de Infância Alice Vieira
AMADORA	Escolas Alice Vieira	Escola Básica do 1º Ciclo com Jardim de Infância Cova da Moura
AMADORA	Escolas Cardoso Lopes	Escola Básica do 1º Ciclo Aprígio Gomes
AMADORA	Escolas Cardoso Lopes	Escola Básica do 1º Ciclo Mina
AMADORA	Escolas Cardoso Lopes	Escola Básica do 1º Ciclo Mina de Água
AMADORA	Escolas D Francisco Manuel de Melo	Escola Básica do 1º Ciclo com Jardim de Infância Manuel Heleno
AMADORA	Escolas D Francisco Manuel de Melo	Escola Básica do 1º Ciclo com Jardim de Infância Raquel Gameiro
AMADORA	Escolas D Francisco Manuel de Melo	Escola Básica do 1º Ciclo Venteira
AMADORA	Escolas Damaia	Escola Básica do 1º Ciclo com Jardim de Infância Águas Livres
AMADORA	Escolas Damaia	Escola Básica do 1º Ciclo com Jardim de Infância Condes de Lousã
AMADORA	Escolas Damaia	Escola Básica do 1º Ciclo Padre Himalaia
AMADORA	Escolas José Cardoso Pires	Escola Básica do 1º Ciclo A-da-Beja
AMADORA	Escolas José Cardoso Pires	Escola Básica do 1º Ciclo com Jardim de Infância Casal da Mira
AMADORA	Escolas José Cardoso Pires	Escola Básica do 1º Ciclo com Jardim de Infância Moinhos da Funcheira
AMADORA	Escolas Roque Gameiro	Escola Básica do 1º Ciclo com Jardim de Infância Terra dos Arcos
AMADORA	Escolas Roque Gameiro	Escola Básica do 1º Ciclo com Jardim de Infância Vasco Martins Rebolo
AMADORA	Escolas Roque Gameiro	Escola Básica do 1º Ciclo Gago Coutinho

132 | Análise das condições de vida das crianças

Concelho	Agrupamento	Escola
AMADORA	Escolas Sophia de Mello Breyner Andresen	Escola Básica do 1º Ciclo com Jardim de Infância Brandoa
AMADORA	Escolas Sophia de Mello Breyner Andresen	Escola Básica do 1º Ciclo Sacadura Cabral
CASCAIS	Escolas Alapraia	Escola Básica do 1º Ciclo Bicesse nº 1
CASCAIS	Escolas Alapraia	Escola Básica do 1º Ciclo Caparide
CASCAIS	Escolas Alapraia	Escola Básica do 1º Ciclo Galiza nº 2
CASCAIS	Escolas Alapraia	Escola Básica do 1º Ciclo Manique
CASCAIS	Escolas Alapraia	Escola Básica do 1º Ciclo São Pedro do Estoril
CASCAIS	Escolas Alcabideche	Escola Básica do 1º Ciclo Alcabideche nº 1
CASCAIS	Escolas Alcabideche	Escola Básica do 1º Ciclo Alcabideche nº 2
CASCAIS	Escolas Alcabideche	Escola Básica do 1º Ciclo Alcoitão nº 1
CASCAIS	Escolas Alcabideche	Escola Básica do 1º Ciclo Alcoitão nº 3
CASCAIS	Escolas Alcabideche	Escola Básica do 1º Ciclo Cascais nº 3
CASCAIS	Escolas Cascais	Escola Básica do 1º Ciclo Birre nº 1
CASCAIS	Escolas Cascais	Escola Básica do 1º Ciclo Birre nº 2
CASCAIS	Escolas Cascais	Escola Básica do 1º Ciclo Cascais nº 2
CASCAIS	Escolas Cascais	Escola Básica do 1º Ciclo Cascais nº 4
CASCAIS	Escolas Cascais	Escola Básica do 1º Ciclo José Jorge Letria
CASCAIS	Escolas Cascais	Escola Básica do 1º Ciclo Torre
CASCAIS	Escolas Conde de Oeiras	Escola Básica do 1º Ciclo com Jardim de Infância Sassoeiros
CASCAIS	Escolas Conde de Oeiras	Escola Básica do 1º Ciclo Sassoeiros
CASCAIS	Escolas João de Deus	Escola Básica do 1º Ciclo Amoreira nº 1
CASCAIS	Escolas João de Deus	Escola Básica do 1º Ciclo Amoreira nº 2
CASCAIS	Escolas João de Deus	Escola Básica do 1º Ciclo Estoril
CASCAIS	Escolas João de Deus	Escola Básica do 1º Ciclo Monte Estoril
CASCAIS	Escolas Matilde Rosa Araújo	Escola Básica do 1º Ciclo António Torrado
CASCAIS	Escolas Matilde Rosa Araújo	Escola Básica do 1º Ciclo Murtal nº 2
CASCAIS	Escolas Matilde Rosa Araújo	Escola Básica do 1º Ciclo Padre Agostinho da Silva
CASCAIS	Escolas Matilde Rosa Araújo	Escola Básica do 1º Ciclo Parede nº 4
CASCAIS	Escolas Matilde Rosa Araújo	Escola Básica do 1º Ciclo São Domingos de Rana nº 1
CASCAIS	Escolas Matilde Rosa Araújo	Escola Básica do 1º Ciclo Tires nº 2
CASCAIS	Escolas Matilde Rosa Araújo	Escola Básica do 1º Ciclo Tires nº 3
CASCAIS	Escolas Os Três Caminhos	Escola Básica do 1º Ciclo Abóboda nº 1
CASCAIS	Escolas Os Três Caminhos	Escola Básica do 1º Ciclo Abóboda nº 2
CASCAIS	Escolas Os Três Caminhos	Escola Básica do 1º Ciclo Talaíde
CASCAIS	Escolas Os Três Caminhos	Escola Básica do 1º Ciclo Trajouce
CASCAIS	Escolas Santo António - Parede	Escola Básica do 1º Ciclo Parede nº 1
CASCAIS	Escolas Santo António - Parede	Escola Básica do 1º Ciclo Parede nº 2
CASCAIS	Escolas São João do Estoril	Escola Básica do 1º Ciclo Galiza nº 1
CASCAIS	Escolas São João do Estoril	Escola Básica do 1º Ciclo Galiza nº 3

Definição dos principais objectivos do projecto | 133

Concelho	Agrupamento	Escola
CASCAIS	Escolas São João do Estoril	Escola Básica do 1º Ciclo São João do Estoril
LISBOA	Escola Básica do 1º Ciclo Lisboa nº 125 e Jardim de Infância Boavista	Escola Básica do 1º Ciclo Lisboa nº 125
LISBOA	Escola Básica do 1º Ciclo Maria da Luz de Deus Ramos e Jardim de Infância Charneca nº 2	Escola Básica do 1º Ciclo Maria da Luz de Deus Ramos
LISBOA	Escolas Alto do Lumiar	Escola Básica do 1º Ciclo Lisboa nº 34
LISBOA	Escolas Alto do Lumiar	Escola Básica do 1º Ciclo Lisboa nº 91
LISBOA	Escolas Baixa-Chiado	Escola Básica do 1º Ciclo Carmo
LISBOA	Escolas Baixa-Chiado	Escola Básica do 1º Ciclo Helena Vaz da Silva
LISBOA	Escolas Baixa-Chiado	Escola Básica do 1º Ciclo Lisboa nº 2
LISBOA	Escolas Baixa-Chiado	Escola Básica do 1º Ciclo Lisboa nº 75
LISBOA	Escolas Baixa-Chiado	Escola Básica do 1º Ciclo Luísa Ducla Soares
LISBOA	Escolas Baixa-Chiado	Escola Básica do 1º Ciclo Padre Abel Varzim
LISBOA	Escolas Baixa-Chiado	Escola Básica do 1º Ciclo São José
LISBOA	Escolas Baixa-Chiado	Escola Básica do 1º Ciclo Sé
LISBOA	Escolas Damião de Góis	Escola Básica do 1º Ciclo Lisboa nº 195
LISBOA	Escolas Damião de Góis	Escola Básica do 1º Ciclo Lóios
LISBOA	Escolas Damião de Góis	Escola Básica do 1º Ciclo Luiza Neto Jorge
LISBOA	Escolas Delfim Santos	Escola Básica do 1º Ciclo António Nobre
LISBOA	Escolas Delfim Santos	Escola Básica do 1º Ciclo Frei Luís de Sousa
LISBOA	Escolas Delfim Santos	Escola Básica do 1º Ciclo Laranjeiras
LISBOA	Escolas Eugénio dos Santos	Escola Básica do 1º Ciclo Santo António
LISBOA	Escolas Fernando Pessoa	Escola Básica do 1º Ciclo Infante D Henrique
LISBOA	Escolas Fernando Pessoa	Escola Básica do 1º Ciclo Lisboa nº 159
LISBOA	Escolas Fernando Pessoa	Escola Básica do 1º Ciclo Lisboa nº 181
LISBOA	Escolas Francisco de Arruda	Escola Básica do 1º Ciclo Casalinho da Ajuda
LISBOA	Escolas Francisco de Arruda	Escola Básica do 1º Ciclo Lisboa nº 19
LISBOA	Escolas Francisco de Arruda	Escola Básica do 1º Ciclo Lisboa nº 60
LISBOA	Escolas Francisco de Arruda	Escola Básica do 1º Ciclo Raul Lino
LISBOA	Escolas Francisco de Arruda	Escola Básica do 1º Ciclo Santo Amaro
LISBOA	Escolas Luís António Verney	Escola Básica do 1º Ciclo Bairro Madre de Deus
LISBOA	Escolas Luís António Verney	Escola Básica do 1º Ciclo Lisboa nº 54
LISBOA	Escolas Luís de Camões	Escola Básica do 1º Ciclo O Leão de Arroios
LISBOA	Escolas Luís de Camões	Escola Básica do 1º Ciclo São João de Deus
LISBOA	Escolas Marquesa de Alorna	Escola Básica do 1º Ciclo Lisboa nº 13
LISBOA	Escolas Marquesa de Alorna	Escola Básica do 1º Ciclo Lisboa nº 80
LISBOA	Escolas Marquesa de Alorna	Escola Básica do 1º Ciclo Lisboa nº 96
LISBOA	Escolas Marquesa de Alorna	Escola Básica do 1º Ciclo Mestre Arnaldo Louro de Almeida
LISBOA	Escolas Marquesa de Alorna	Escola Básica do 1º Ciclo Mestre Querubim Lapa

134 | Análise das condições de vida das crianças

Concelho	Agrupamento	Escola
LISBOA	Escolas Marquesa de Alorna	Escola Básica do 1º Ciclo São Sebastião da Pedreira
LISBOA	Escolas Marvila	Escola Básica do 1º Ciclo João dos Santos
LISBOA	Escolas Marvila	Escola Básica do 1º Ciclo Professor Agostinho da Silva
LISBOA	Escolas Nuno Gonçalves	Escola Básica do 1º Ciclo Anjos
LISBOA	Escolas Nuno Gonçalves	Escola Básica do 1º Ciclo Lisboa nº 1
LISBOA	Escolas Nuno Gonçalves	Escola Básica do 1º Ciclo Lisboa nº 143
LISBOA	Escolas Nuno Gonçalves	Escola Básica do 1º Ciclo Lisboa nº 199
LISBOA	Escolas Nuno Gonçalves	Escola Básica do 1º Ciclo Lisboa nº 68
LISBOA	Escolas Nuno Gonçalves	Escola Básica do 1º Ciclo Martim Moniz
LISBOA	Escolas Nuno Gonçalves	Escola Básica do 1º Ciclo Natália Correia
LISBOA	Escolas Padre Bartolomeu de Gusmão	Escola Básica do 1º Ciclo Lisboa nº 18
LISBOA	Escolas Padre Bartolomeu de Gusmão	Escola Básica do 1º Ciclo Lisboa nº 72
LISBOA	Escolas Padre Bartolomeu de Gusmão	Escola Básica do 1º Ciclo Rainha Santa Isabel
LISBOA	Escolas Patrício Prazeres	Escola Básica do 1º Ciclo Castelo
LISBOA	Escolas Patrício Prazeres	Escola Básica do 1º Ciclo Lisboa nº 4
LISBOA	Escolas Patrício Prazeres	Escola Básica do 1º Ciclo Santiago
LISBOA	Escolas Pintor Almada Negreiros	Escola Básica do 1º Ciclo Lisboa nº 66
LISBOA	Escolas Pintor Almada Negreiros	Escola Básica do 1º Ciclo Lisboa nº 77
LISBOA	Escolas Piscinas - Olivais	Escola Básica do 1º Ciclo com Jardim de Infância Santa Maria dos Olivais
LISBOA	Escolas Piscinas - Olivais	Escola Básica do 1º Ciclo Lisboa nº 113
LISBOA	Escolas Piscinas - Olivais	Escola Básica do 1º Ciclo Lisboa nº 36
LISBOA	Escolas Professor Lindley Cintra - Lumiar	Escola Básica do 1º Ciclo Eurico Gonçalves
LISBOA	Escolas Professor Lindley Cintra - Lumiar	Escola Básica do 1º Ciclo Lisboa nº 31
LISBOA	Escolas Santa Maria dos Olivais	Escola Básica do 1º Ciclo Lisboa nº 183
LISBOA	Escolas Santa Maria dos Olivais	Escola Básica do 1º Ciclo Lisboa nº 187
LISBOA	Escolas Santa Maria dos Olivais	Escola Básica do 1º Ciclo Lisboa nº 25
LISBOA	Escolas São Vicente / Telheiras	Escola Básica do 1º Ciclo Lisboa nº 121
LISBOA	Escolas São Vicente / Telheiras	Escola Básica do 1º Ciclo Luz/Carnide
LISBOA	Escolas São Vicente / Telheiras	Escola Básica do 1º Ciclo Prista Monteiro
LISBOA	Escolas Telheiras	Escola Básica do 1º Ciclo com Jardim de Infância Alto da Faia
LISBOA	Escolas Telheiras	Escola Básica do 1º Ciclo Telheiras
LOURES	Escolas Apelação	Escola Básica do 1º Ciclo com Jardim de Infância Apelação
LOURES	Escolas Apelação	Escola Básica Integrada Apelação
LOURES	Escolas Bucelas	Escola Básica do 1º Ciclo Bemposta
LOURES	Escolas Bucelas	Escola Básica do 1º Ciclo Freixial nº 1

Anexo II | 135

Concelho	Agrupamento	Escola
LOURES	Escolas Bucelas	Escola Básica Integrada Bucelas
LOURES	Escolas Camarate - D Nuno Álvares Pereira	Escola Básica do 1º Ciclo Camarate nº 2
LOURES	Escolas Camarate - D Nuno Álvares Pereira	Escola Básica do 1º Ciclo Camarate nº 6
LOURES	Escolas Catujal - Unhos	Escola Básica do 1º Ciclo com Jardim de Infância Unhos
LOURES	Escolas Sacavém e Prior Velho	Escola Básica do 1º Ciclo com Jardim de Infância Sacavém
LOURES	Escolas Sacavém e Prior Velho	Escola Básica do 1º Ciclo Prior Velho
LOURES	Escolas Sacavém e Prior Velho	Escola Básica do 1º Ciclo Sacavém nº 2
LOURES	Escolas Sacavém e Prior Velho	Escola Básica do 1º Ciclo Sacavém nº 3
LOURES	Escolas São João da Talha	Escola Básica do 1º Ciclo com Jardim de Infância Vale de Figueira
LOURES	Escolas São João da Talha	Escola Básica do 1º Ciclo São João da Talha nº 1
LOURES	Escolas São João da Talha	Escola Básica do 1º Ciclo São João da Talha nº 2
LOURES	Escolas São João da Talha	Escola Básica do 1º Ciclo São João da Talha nº 4
ODIVELAS	Escola Básica do 1º Ciclo Odivelas nº 6	Escola Básica do 1º Ciclo Maria Máxima Vaz
ODIVELAS	Escolas Avelar Brotero	Escola Básica do 1º Ciclo António Maria Bravo
ODIVELAS	Escolas Avelar Brotero	Escola Básica do 1º Ciclo com Jardim de Infância D Dinis
ODIVELAS	Escolas Avelar Brotero	Escola Básica do 1º Ciclo com Jardim de Infância Olival Basto
ODIVELAS	Escolas Avelar Brotero	Escola Básica do 1º Ciclo Odivelas nº 5
ODIVELAS	Escolas Caneças	Escola Básica do 1º Ciclo Caneças
ODIVELAS	Escolas Caneças	Escola Básica do 1º Ciclo com Jardim de Infância Caneças nº 1
ODIVELAS	Escolas D Dinis	Escola Básica do 1º Ciclo com Jardim de Infância Maria Lamas
ODIVELAS	Escolas D Dinis	Escola Básica do 1º Ciclo Rainha Santa
ODIVELAS	Escolas Moinhos da Arroja	Escola Básica do 1º Ciclo Famões
ODIVELAS	Escolas Pontinha	Escola Básica do 1º Ciclo com Jardim de Infância Paiã
ODIVELAS	Escolas Pontinha	Escola Básica do 1º Ciclo com Jardim de Infância Urmeira
ODIVELAS	Escolas Pontinha	Escola Básica do 1º Ciclo Dr Mário Madeira
ODIVELAS	Escolas Pontinha	Escola Básica do 1º Ciclo Paiã nº 1
ODIVELAS	Escolas Pontinha	Escola Básica do 1º Ciclo Pontinha nº 2
ODIVELAS	Escolas Pontinha	Escola Básica do 1º Ciclo Vale Grande
ODIVELAS	Escolas Sudoeste de Odivelas	Escola Básica do 1º Ciclo com Jardim de Infância Veiga Ferreira
ODIVELAS	Escolas Sudoeste de Odivelas	Escola Básica do 1º Ciclo Famões nº 3
ODIVELAS	Escolas Sudoeste de Odivelas	Escola Básica do 1º Ciclo Famões nº 4
ODIVELAS	Escolas Sudoeste de Odivelas	Escola Básica do 1º Ciclo Quinta das Dálias
ODIVELAS	Escolas Vasco Santana	Escola Básica do 1º Ciclo Amoreira
ODIVELAS	Escolas Vasco Santana	Escola Básica do 1º Ciclo com Jardim de Infância João Villaret
ODIVELAS	Escolas Vasco Santana	Escola Básica do 1º Ciclo Professora Maria Costa
OEIRAS	Escolas Carnaxide - Portela	Escola Básica do 1º Ciclo com Jardim de Infância Amélia Vieira Luís
OEIRAS	Escolas Carnaxide - Portela	Escola Básica Integrada com Jardim de Infância Sophia de Mello Breyner

136 | Análise das condições de vida das crianças

Concelho	Agrupamento	Escola
OEIRAS	Escolas Carnaxide - Valejas	Escola Básica do 1º Ciclo Antero Basalisa
OEIRAS	Escolas Carnaxide - Valejas	Escola Básica do 1º Ciclo São Bento
OEIRAS	Escolas Carnaxide - Valejas	Escola Básica do 1º Ciclo Sylvia Phillips
OEIRAS	Escolas Caspolima - Porto Salvo	Escola Básica do 1º Ciclo com Jardim de Infância Pedro Álvares Cabral - Porto Salvo
EIRAS	Escolas Caspolima - Porto Salvo	Escola Básica do 1º Ciclo Custódia Marques
OEIRAS	Escolas Caspolima - Porto Salvo	Escola Básica do 1º Ciclo Firmino Rebelo
OEIRAS	Escolas Caspolima - Porto Salvo	Escola Básica do 1º Ciclo José Canas
OEIRAS	Escolas Conde de Oeiras	Escola Básica do 1º Ciclo António Rebelo de Andrade
OEIRAS	Escolas Conde de Oeiras	Escola Básica do 1º Ciclo Joaquim Matias
OEIRAS	Escolas Conde de Oeiras	Escola Básica do 1º Ciclo Sá de Miranda
OEIRAS	Escolas de São Julião da Barra	Escola Básica do 1º Ciclo Conde de Ferreira
OEIRAS	Escolas de São Julião da Barra	Escola Básica do 1º Ciclo Manuel Beça Múrias
OEIRAS	Escolas Professor Noronha Feio	Escola Básica do 1º Ciclo Narcisa Pereira
OEIRAS	Escolas Professor Noronha Feio	Escola Básica do 1º Ciclo Santo António de Tercena
OEIRAS	Escolas São Bruno	Escola Básica do 1º Ciclo Caxias
OEIRAS	Escolas São Bruno	Escola Básica do 1º Ciclo com Jardim de Infância Nossa Senhora do Vale
OEIRAS	Escolas São Bruno	Escola Básica do 1º Ciclo Manuel Vaz
OEIRAS	Escolas São Bruno	Escola Básica do 1º Ciclo Samuel Johnson
OEIRAS	Escolas São Bruno	Escola Básica do 1º Ciclo Visconde de Leceia
OEIRAS	Escolas Zarco	Escola Básica do 1º Ciclo Armando Guerreiro
OEIRAS	Escolas Zarco	Escola Básica do 1º Ciclo D Pedro V
OEIRAS	Escolas Zarco	Escola Básica do 1º Ciclo Pinheiro Chagas
OEIRAS	Escolas Zarco	Escola Básica do 1º Ciclo Roberto Ivens
SINTRA	Escola Básica do 1º Ciclo com Jardim de Infância Monte Abraão	Escola Básica do 1º Ciclo com Jardim de Infância Monte Abraão
SINTRA	Escola Básica do 1º Ciclo Massamá nº 1 e Jardim de Infância Massamá	Escola Básica do 1º Ciclo Massamá nº 1
SINTRA	Escola Básica do 1º Ciclo Massamá nº 2	Escola Básica do 1º Ciclo Massamá nº 2
SINTRA	Escolas Alfredo da Silva	Escola Básica do 1º Ciclo Albarraque nº 1
SINTRA	Escolas Alfredo da Silva	Escola Básica do 1º Ciclo Albarraque nº 2
SINTRA	Escolas Alfredo da Silva	Escola Básica do 1º Ciclo Albarraque nº 3
SINTRA	Escolas Alfredo da Silva	Escola Básica do 1º Ciclo Albarraque nº 4
SINTRA	Escolas Alfredo da Silva	Escola Básica do 1º Ciclo Cabra Figa
SINTRA	Escolas Alfredo da Silva	Escola Básica do 1º Ciclo com Jardim de Infância Abrunheira
SINTRA	Escolas Alfredo da Silva	Escola Básica do 1º Ciclo com Jardim de Infância Manique de Cima
SINTRA	Escolas Alfredo da Silva	Escola Básica do 1º Ciclo Francos
SINTRA	Escolas Algueirão	Escola Básica do 1º Ciclo Algueirão

Anexo II | 137

Concelho	Agrupamento	Escola
SINTRA	Escolas Algueirão	Escola Básica do 1º Ciclo com Jardim de Infância Casal da Cavaleira
SINTRA	Escolas Alto dos Moinhos	Escola Básica do 1º Ciclo Arneiro dos Marinheiros
SINTRA	Escolas Alto dos Moinhos	Escola Básica do 1º Ciclo com Jardim de Infância Assafora
SINTRA	Escolas Alto dos Moinhos	Escola Básica do 1º Ciclo com Jardim de Infância Bolembre
SINTRA	Escolas Alto dos Moinhos	Escola Básica do 1º Ciclo com Jardim de Infância Santa Susana
SINTRA	Escolas Alto dos Moinhos	Escola Básica do 1º Ciclo Faião
SINTRA	Escolas Alto dos Moinhos	Escola Básica do 1º Ciclo Fontanelas
SINTRA	Escolas Alto dos Moinhos	Escola Básica do 1º Ciclo São João das Lampas
SINTRA	Escolas Alto dos Moinhos	Escola Básica do 1º Ciclo Terrugem nº 1
SINTRA	Escolas Alto dos Moinhos	Escola Básica do 1º Ciclo Terrugem nº 2
SINTRA	Escolas Alto dos Moinhos	Escola Básica do 1º Ciclo Vila Verde nº 1
SINTRA	Escolas António Sérgio	Escola Básica do 1º Ciclo Agualva nº 1
SINTRA	Escolas António Sérgio	Escola Básica do 1º Ciclo Agualva nº 2
SINTRA	Escolas António Sérgio	Escola Básica do 1º Ciclo com Jardim de Infância Agualva nº 2
SINTRA	Escolas Casal da Barôta	Escola Básica do 1º Ciclo com Jardim de Infância Belas nº 1
SINTRA	Escolas D Carlos I	Escola Básica do 1º Ciclo com Jardim de Infância Morelinho
SINTRA	Escolas D Carlos I	Escola Básica do 1º Ciclo com Jardim de Infância Ral
SINTRA	Escolas D Carlos I	Escola Básica do 1º Ciclo Janas
SINTRA	Escolas D Carlos I	Escola Básica do 1º Ciclo Lourel
SINTRA	Escolas D Carlos I	Escola Básica do 1º Ciclo Várzea de Sintra
SINTRA	Escolas D Carlos I	Escola Básica Integrada com Jardim de Infância D Carlos I
SINTRA	Escolas D Domingos Jardo	Escola Básica do 1º Ciclo com Jardim de Infância Mira Sintra
SINTRA	Escolas D Domingos Jardo	Escola Básica do 1º Ciclo Mira Sintra nº 2
SINTRA	Escolas D Fernando II	Escola Básica do 1º Ciclo com Jardim de Infância Portela de Sintra
SINTRA	Escolas D Fernando II	Escola Básica do 1º Ciclo com Jardim de Infância Ranholas
SINTRA	Escolas D Fernando II	Escola Básica do 1º Ciclo com Jardim de Infância São Pedro
SINTRA	Escolas D Fernando II	Escola Básica do 1º Ciclo com Jardim de Infância Sintra
SINTRA	Escolas D Fernando II	Escola Básica do 1º Ciclo Linhó nº 1
SINTRA	Escolas D João II - Sintra	Escola Básica do 1º Ciclo com Jardim de Infância São Marcos nº 1
SINTRA	Escolas D João II - Sintra	Escola Básica do 1º Ciclo com Jardim de Infância São Marcos nº 2
SINTRA	Escolas D João II - Sintra	Escola Básica Integrada Rainha D Leonor de Lencastre
SINTRA	Escolas Dr António Torrado	Escola Básica do 1º Ciclo Agualva nº 3
SINTRA	Escolas Dr António Torrado	Escola Básica do 1º Ciclo com Jardim de Infância Agualva nº 1
SINTRA	Escolas Dr António Torrado	Escola Básica do 1º Ciclo com Jardim de Infância Colaride
SINTRA	Escolas Dr António Torrado	Escola Básica do 1º Ciclo Lopas
SINTRA	Escolas Fitares	Escola Básica do 1º Ciclo com Jardim de Infância Fitares
SINTRA	Escolas Lápias	Escola Básica do 1º Ciclo Anços
SINTRA	Escolas Lápias	Escola Básica do 1º Ciclo com Jardim de Infância Cortegaça
SINTRA	Escolas Lápias	Escola Básica do 1º Ciclo com Jardim de Infância Lameiras
SINTRA	Escolas Lápias	Escola Básica do 1º Ciclo com Jardim de Infância Maceira
SINTRA	Escolas Lápias	Escola Básica do 1º Ciclo com Jardim de Infância Pero Pinheiro
SINTRA	Escolas Lápias	Escola Básica do 1º Ciclo Montelavar
SINTRA	Escolas Lápias	Escola Básica do 1º Ciclo Morelena nº 1
SINTRA	Escolas Mário Cunha Brito	Escola Básica do 1º Ciclo Belas nº 1
SINTRA	Escolas Mário Cunha Brito	Escola Básica do 1º Ciclo Belas nº 2
SINTRA	Escolas Mário Cunha Brito	Escola Básica do 1º Ciclo com Jardim de Infância Quinta da Fonteireira

138 | Análise das condições de vida das crianças

Concelho	Agrupamento	Escola
SINTRA	Escolas Professor Agostinho da Silva	Escola Básica do 1º Ciclo Casal de Cambra nº 2
SINTRA	Escolas Queluz	Escola Básica do 1º Ciclo com Jardim de Infância Pendão
SINTRA	Escolas Queluz	Escola Básica do 1º Ciclo Queluz nº 2
SINTRA	Escolas Região de Colares	Escola Básica do 1º Ciclo Azóia
SINTRA	Escolas Região de Colares	Escola Básica do 1º Ciclo Colares
SINTRA	Escolas Região de Colares	Escola Básica do 1º Ciclo com Jardim de Infância Almoçageme
SINTRA	Escolas Região de Colares	Escola Básica do 1º Ciclo com Jardim de Infância Azenhas do Mar
SINTRA	Escolas Região de Colares	Escola Básica do 1º Ciclo com Jardim de Infância Galamares
SINTRA	Escolas Região de Colares	Escola Básica do 1º Ciclo com Jardim de Infância Mucifal
SINTRA	Escolas Ribeiro de Carvalho	Escola Básica do 1º Ciclo Cacém nº 1
SINTRA	Escolas Ribeiro de Carvalho	Escola Básica do 1º Ciclo Cacém nº 2
SINTRA	Escolas Ribeiro de Carvalho	Escola Básica do 1º Ciclo Cacém nº 3
SINTRA	Escolas Ribeiro de Carvalho	Escola Básica do 1º Ciclo com Jardim de Infância Casal do Cotão
SINTRA	Escolas Ribeiro de Carvalho	Escola Básica do 1º Ciclo com Jardim de Infância Vale Mourão
SINTRA	Escolas Rio de Mouro / Padre Alberto Neto	Escola Básica do 1º Ciclo com Jardim de Infância Rio de Mouro
SINTRA	Escolas Rio de Mouro / Padre Alberto Neto	Escola Básica do 1º Ciclo Rinchoa nº 2
SINTRA	Escolas Rio de Mouro / Padre Alberto Neto	Escola Básica do 1º Ciclo Rio de Mouro
SINTRA	Escolas Serra das Minas	Escola Básica do 1º Ciclo com Jardim de Infância Serra das Minas nº 1
SINTRA	Escolas Serra das Minas	Escola Básica do 1º Ciclo com Jardim de Infância Serra das Minas nº 2
SINTRA	Escolas Visconde de Juromenha	Escola Básica do 1º Ciclo com Jardim de Infância Tapada das Mercês
SINTRA	Escolas Visconde de Juromenha	Escola Básica do 1º Ciclo com Jardim de Infância Tapada das Mercês nº 2